Jaime Restrepo

Internet

3. ed., rev. y

Jaime A. Restrepo es un
ras. Ha publicado varios l
sus múltiples usos. El se
el estado de Connecticut.

También escritos por Jaime Restrepo

Computadoras para todos, segunda edición
Windows 98/Me para todos

Internet para todos

tercera edición, revisada y actualizada

Internet para todos

tercera edición, revisada y actualizada

Jaime A. Restrepo

VINTAGE ESPAÑOL
UNA DIVISIÓN DE RANDOM HOUSE, INC.
NUEVA YORK

PRIMERA EDICIÓN VINTAGE ESPAÑOL, AGOSTO 2006

Copyright © 1999, 2001, 2006 por Jaime Restrepo

La Biblioteca del Congreso de los Estados Unidos.

Información de catalogación de publicaciones

Restrepo, Jaime A.
Internet para todos/ Jaime Restrepo.
p. cm.
Includes index.
1. Internet.   I. Title.
TK5105.875.I57 R42 1999
004.67'8—dc22
2006044715

Vintage ISBN-10: 0-307-27483-7
Vintage ISBN-13: 978-0-307-27483-0

www.grupodelectura.com

Impreso en los Estados Unidos de América

10 9 8 7 6 5 4 3 2 1

Contenido

Dedicatoria

Este libro quiero dedicarlo muy especialmente a la memoria de mi hermano Germán Felipe Restrepo Jaramillo, quien fue siempre para mí no sólo un hermano, sino también un amigo, y una fuente constante de apoyo e inspiración.

A mi hija Sara Andrea Restrepo Sánchez, quien tuvo que padecer el estrés y los horarios interminables en el largo y fatigante proceso de creación, en el cual el Internet se convirtió por fuerza en el compañero inseparable de mi vida.

A mi madre Amparo Jaramillo-Restrepo quien estuvo presente hasta el último momento en el proceso de corrección.

A los inmigrantes latinoamericanos que llegan a este país en busca de un sueño, y que descubren que la educación es la única forma de lograrlo. Con la esperanza de que este libro, *Internet para todos,* sea una herramienta de apoyo para ayudarles en su difícil peregrinaje por un país y una cultura nueva.

Palabras del autor

He aquí mi segundo libro de computadoras, revisado y actualizado ya por segunda vez. Su objetivo principal es introducir a mis lectores al sorprendente mundo del Internet, ese revolucionario medio de comunicación que está cambiando por completo la civilización moderna. Este libro está escrito, como el primero, en español, con el fin de que las personas que no dominen el inglés, y prefieran utilizar nuestro idioma, puedan usar mejor esta tecnología.

El Internet es tal vez una de las palabras de más uso en casi todas las conversaciones que tienen que ver con computadoras hoy en día. Cuando hablamos de él nos referimos al sistema que ha permitido en los últimos diez años entrelazar entre sí toda clase de computadora alrededor del mundo, de uno a otro lado del planeta, utilizando para ello las líneas de teléfono o diferentes tipos de cables (como los de fibra óptica).

El milagro del Internet es que ha conseguido unir no sólo a gente de diferentes países, sino de diferentes razas y culturas. El Internet es hoy en día patrimonio de la humanidad, y representa el medio de comunicación por excelencia, lo mismo si es usted un científico, un hombre de negocios en busca de información, un abuelo que quiere comunicarse con sus nietos en Alaska o la Argentina o un hombre enamorado que envía poemas y cartas de amor desde Buenos Aires a Bogotá.

Usando este libro aprenderá a buscar información en el Internet y cómo utilizarla de una manera útil y productiva. A aquellos que apenas están empezando en este mundo de las computadoras, les recomiendo que también consigan mis otros libros. Estos son los otros libros que he tenido la oportunidad de escribir:

Windows 98/Me para todos

Este libro cubre todos los aspectos del uso de Windows 98 y Windows Me. Estos son algunos de los temas que se tratan en este libro:

- Cómo usar los diferentes componentes de Windows 98/Me.
- Cómo trabajar con archivos y programas.
- Cómo trabajar con redes locales de computadoras o LAN.

Computadoras para todos

Usándolo aprenderá:

- Cómo reconocer los componentes más importantes de una computadora personal.
- Cómo usar los diferentes tipos y tamaños de letra.
- Cómo usar Word, PowerPoint y Excel de Microsoft.

Estos libros se pueden conseguir por los mismos medios que consiguió este libro o en Waldenbooks, Barnes & Noble o librerías locales. También pueden adquirirse en el Internet en la dirección *www.amazon.com.*

—**Jaime A. Restrepo**
http://www.internetparatodos.com

Cómo usar este libro

Este libro fue diseñado para personas interesadas en utilizar esta nueva tecnología llamada el Internet sin necesidad de tener que aprender todos los detalles relacionados con ella.

La primera frase que escuchamos cuando alguien habla del Internet es "navegar en el Internet". Nadie sabe a ciencia cierta de dónde salió ese término, pero significa, como su nombre lo indica, moverse en el Internet como en un inmenso mar de información. Y ahí, por supuesto, es donde empiezan a trabajar los programas que llamamos navegadores.

Es importante señalar que en este libro sólo tocaremos las funciones básicas de los dos navegadores más importantes, Internet Explorer y Netscape. Sobre cada uno de estos navegadores se podría escribir un libro completo, pero aquí sólo verá instrucciones sobre las situaciones más frecuentes que pueden surgir mientras usa uno de estos dos excelentes programas.

A través del libro usted encontrará varios ejemplos que se pueden seguir usando ambos navegadores; ésto lo hice a propósito para no dar la sensación de que prefiero a uno más que al otro.

También encontrará información acerca de cómo entrar al Internet y cómo usar el correo electrónico o "e-mail" usando los dos servicios en línea mas populares, America Online y Outlook Express. Tampoco en este caso puedo recomendar determinado servicio en línea con mayor seguridad que otro, pues es posible que la calidad del servicio varíe dependiendo de la localidad en donde usted vive y sus condiciones particulares. La mejor manera de hacer una buena elección es hablar con sus parientes y allegados para aprender de sus experiencias con los diferentes servicios en línea.

Estos son algunos de los símbolos que verá a través del libro y lo que significan:

  Este es el símbolo de Internet Explorer 6.0.

 Este es el símbolo de Netscape 7.2.

 Cuando vea este símbolo, establezca una conexión al Internet.

 Cuando vea este símbolo, deténgase y lea las advertencias que están al lado del símbolo.

 Los textos escritos al lado de este símbolo contienen información complementaria muy útil acerca de cómo usar el Internet.

Este símbolo le llama la atención acerca de información muy importante que puede servirle para resolver un problema o una pregunta que tenga sobre el tema anterior.

A través de este libro encontrará muchos ejemplos basados en los diferentes servicios en línea: America Online y Outlook Express.

Por el hecho de que el *software* que estos servicios utilizan está cambiando rápidamente, es posible que la pantalla que usted vea cuando abra su computadora sea diferente al ejemplo que está en este libro.

Recuerde que si la computadora le avisa que hay un error cuando trata de buscar una dirección virtual sacada del capítulo de direcciones virtuales, puede ser debido al hecho de que ésta cambió de lugar. El Internet, como ya dijimos, cambia mucho; no es lo mismo, por supuesto, que comprar un mapa de su ciudad y mirarlo un par de meses después para comprobar que muy poco ha cambiado. En el Internet, el servidor Web que encontró ayer puede estar fuera de servicio hoy.

Cómo usar el ratón o "mouse"

El ratón o "mouse" es una de las herramientas más útiles para usar el sistema operativo de Microsoft Windows; éste funciona de la misma manera cuando usa un navegador que cuando usa todos los demás programas para Windows.

A través de este libro usará el ratón muy frecuentemente; ésta es la gran ventaja de los sistemas operativos gráficos.

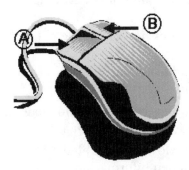

La gráfica anterior le ayudará a aprender a usar el ratón.

Ⓐ Este es el botón izquierdo: cuando a través del libro lea "haga clic", coloque el indicador (éste aparece como una flecha en la pantalla cuando mueve el ratón) sobre la gráfica que corresponde a la acción que desea seguir y oprima este botón una vez. Si ve una instrucción a hacer "doble clic", coloque el indicador sobre la gráfica que corresponde a la acción que desea seguir y oprima el botón izquierdo rápidamente dos veces, sin soltar el dedo del botón.

Ⓑ Este es el botón derecho y cada día tiene más usos en aplicaciones para Windows. Por ejemplo, en un navegador se pueden efectuar muchas funciones oprimiendo este botón.

El navegador de sistema o "default browser"

Si tiene dos navegadores instalados en su computadora, puede ver uno de los mensajes de abajo muy a menudo.

La siguiente gráfica muestra dos mensajes: el primero es de Netscape y el segundo de Internet Explorer.

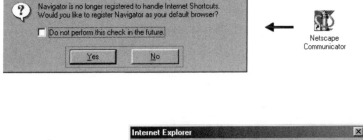

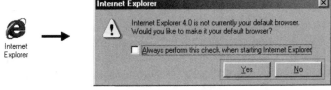

Si desea cambiar el navegador de sistema "default", lo puede hacer de la siguiente manera: cuando abra el navegador que no es el de sistema y éste le presente el recuadro de arriba, elija "Yes".

También es importante recordar que algunos de los términos que uso en este libro no son excluyentes. Es decir, si, por ejemplo, en el lugar donde usted trabaja todo el mundo insiste en llamar un disco flexible "el disco duro", es más fácil seguir a los demás que tratar de hacerlos cambiar de opinión.

Introducción al Internet

1

El Internet

El Internet es tal vez una de las palabras de más uso en casi todas las conversaciones que tienen que ver con computadoras hoy en día. Esta palabra se refiere al sistema de interconexión de computadoras que se ha venido efectuando durante los últimos años alrededor del mundo a través de líneas de teléfono o cables de fibra óptica. Esta red de computadoras, que ha causado una verdadera revolución en las comunicaciones mundiales, funciona casi de la misma manera que una red local de computadoras (LAN), con la diferencia de que el Internet opera a nivel mundial.

Si a veces ha tenido usted una pregunta acerca del Internet y no ha podido encontrar la respuesta a ella, recuerde lo siguiente:

- El Internet no le pertenece a ningún gobierno ni persona en particular.
- Las líneas de teléfono usadas para llevar la información pertenecen a su compañía local, o a una internacional, como por ejemplo AT&T. Pero no por esta razón se considera que estas compañías sean las dueñas del Internet.
- La mayoría de la información en el Internet es gratuita; si alguien le quiere cobrar por la información, trate de buscar un servidor Web que no le cobre.
- El Internet está regulado por una asociación que también decide la asignación de territorios virtuales o "Domain Names", como por ejemplo *IBM.com*.

Hoy en día la gran mayoría de las compañías que pretenden hacer negocios alrededor del mundo tienen una presencia en el Internet. Desde bancos hasta floristerías, las personas de negocios se afanan por colocar el nombre de sus compañías en una página principal o "Home Page".

Historia abreviada del Internet

El Internet tuvo sus comienzos en un proyecto del Ministerio de Defensa de los Estados Unidos en 1969 para crear una red de computadoras que no tuviera un sólo punto de falla en el caso de un ataque nuclear. A esta red de computadoras se le llamó "ARPA-Net". Fue la precursora del Internet, y a través de los años entidades y personas en diferentes países fueron conectándose a esta red que hoy conocemos como el Internet.

Al principio esta tecnología nueva llamada el Internet sólo fue usada por un número limitado de investigadores en sus sitios de trabajo como medio ideal para intercambiar ideas con sus colegas.

El Internet comenzó su auge en 1987, cuando, gracias a un protocolo de comunicaciones llamado TCP/IP o "Transfer Control Protocol/Internet Protocol", la Fundación Nacional de Ciencias de los Estados Unidos permitió que muchas universidades y compañías se conectaran a sus super-computadoras.

Al principio usar el Internet era una hazaña de las comunicaciones debido a la baja velocidad de los módem (los dispositivos electrónicos que convierten la información de las computadoras en información que pueda ser enviada por la línea de teléfono y viceversa). Al principio sólamente podían enviar y recibir menos de una página de texto por segundo. Hoy en día un módem (de Internet por cable) puede enviar cerca de 500 páginas por segundo.

La cantidad de usuarios que tiene actualmente el Internet ha permitido que compañías de mucho prestigio, como AT&T, se comprometan a mejorar las vías por las cuales circula la mayoría de la información que se puede enviar por el Internet.

El éxito del Internet ha sido tan extraordinario que en menos de ocho años, después de la salida al mercado de un obscuro producto para usar el Internet (el precursor de todos los navegadores, llamado Mosaic), existen hoy en día más de un billón de usuarios de Internet que usan Netscape o Internet Explorer.

El protocolo TCP/IP

Todos suspiramos por una sociedad ideal en que los individuos pueden disfrutar de una mayor libertad para pensar y comunicarse entre sí, a pesar de sus diferencias de idioma y de cultura. En el mundo de las computadoras sucede otro tanto, ya que un sistema ideal debe ser capaz de comunicarse con otro, aunque sea de diferente plataforma (por ejemplo, UNIX™, Macintosh y PC).

Al principio de los años 80, un proyecto del Centro Europeo de Alta Energía (CERN) se avocó a resolver este problema, conectando diferentes computadoras con distintos sistemas operativos por medio de un protocolo llamado TCP/IP.

Un protocolo como TCP/IP funciona de la siguiente manera: imagine usted una ciudad donde existe gente de muchos países y adopt una regla de oro: no importa de qué país vengan, o qué idioma hablen; cuando se acerquen a la casa del Señor Sánchez deben tocar la puerta de la misma manera e identificarse ante él con un número único.

Por este motivo, se creó el TCP/IP. Sin él, las comunicaciones entre tantas computadoras diferentes serían tan difíciles como el problema de las lenguas que existió en la Torre de Babel. A este protocolo se le debe que el Internet sea uno de los medios de intercambio de información más importantes.

TCP/IP facilita el que computadoras conectadas al Internet en diferentes partes del mundo puedan intercambiar información con la misma facilidad que computadoras conectadas a redes locales en un mismo edificio de oficinas.

La siguiente gráfica ilustra la manera cómo TCP/IP, sin intervención directa de los usuarios, permite a dos personas en distintas partes del mundo, con sistemas distintos, enviar y recibir diferentes tipos de archivos con un margen de error muy pequeño.

El protocolo TCP/IP

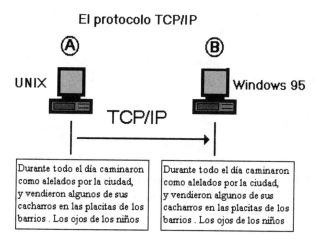

Se puede observar lo siguiente:

Ⓐ Esta computadora con base en Francia (usando el sistema operativo UNIX™) y conectada al Internet por medio de un servicio en línea francés, envía un mensaje a una computadora conectada al Internet en los Estados Unidos.

Ⓑ Esta computadora en los Estados Unidos (usando Windows 95), conectada al servidor de Internet America Online, recibe sin ningún problema la carta enviada por la computadora en Francia.

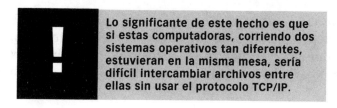

Lo significante de este hecho es que si estas computadoras, corriendo dos sistemas operativos tan diferentes, estuvieran en la misma mesa, sería difícil intercambiar archivos entre ellas sin usar el protocolo TCP/IP.

El concepto de los territorios virtuales o "Domain Names"

El Internet es un mundo virtual. Es decir, que no existe físicamente en un lugar determinado, sino que está compuesto por los millones de computadoras que lo usan todos los días.

Como en todas las demás situaciones que rodean nuestra vida, ha sido desde el principio necesario un nivel de organización para evitar el caos.

Con este objetivo se crearon los territorios virtuales o "Domain Names"; así se garantiza que haya solamente un territorio virtual por compañía o individuo, como en el caso de la revista "Latina", cuyo territorio virtual está señalado con la dirección virtual: Latina.com. De esta manera la organización que regula actualmente el Internet nos permite buscar recursos e intercambiar información en una forma organizada.

En la siguiente línea puede ver la dirección virtual del club Mosaico. Este club de libros solicitó el territorio virtual, o nombre de dominio, *clubmosaico.com,* y como nadie había pedido este dominio virtual de antemano, le fue asignado a ellos.

www.clubmosaico.com

Esta dirección virtual es única, por esto cuando la escriba en la casilla de direcciones de un navegador en cualquier país del mundo donde se encuentre, a menos que el dominio virtual sea vendido y dejado de mantener, siempre visitará el mismo sitio Web.

Las direcciones Web o "URLs"

Una dirección Web o "URL" es la dirección virtual asignada a una página Web por la persona que la diseñó. Cada dirección Web es única; por esta razón es importante escribirla exactamente de la manera como le fue dictada.

Una vez que escriba la dirección Web y oprima la tecla de confirmar o "Enter", si esta es la dirección correcta, su navegador recibirá la orden de cargar esta página en el área de trabajo.

http://www.Internetparatodos.com

Ⓐ   Ⓑ   ©   Ⓓ

Siguiendo esta gráfica aprenderá a reconocer las diferentes partes de una dirección Web:

Ⓐ La primera parte es el protocolo, como por ejemplo "http", "https" o "ftp".

Ⓑ Este abreviativo denota que está buscando información en la red mundial, pero a veces esta parte de una dirección puede que no sea necesaria. Es decir, si escribe *http://Internetparatodos.com,* sin el "www", el navegador abrirá la misma página.

© Este es el nombre registrado del dominio.

Ⓓ Este es el nombre del sufijo que identifica el tipo de entidad a la que le pertenece este sitio Web. En el caso de *Internetparatodos.com,* es ".com" que es el sufijo asignado a sitios comerciales.

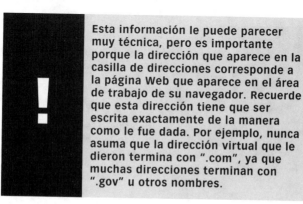

! Esta información le puede parecer muy técnica, pero es importante porque la dirección que aparece en la casilla de direcciones corresponde a la página Web que aparece en el área de trabajo de su navegador. Recuerde que esta dirección tiene que ser escrita exactamente de la manera como le fue dada. Por ejemplo, nunca asuma que la dirección virtual que le dieron termina con ".com", ya que muchas direcciones terminan con ".gov" u otros nombres.

¿Por qué le llaman al Internet "La autopista de la información"?

Este término se debe a una frase que usó el antiguo vicepresidente de los Estados Unidos Albert Gore, al referirse al Internet como una vía de comunicaciones virtual por medio de la cual sería mas rápido diseminar información.

Hoy en día el Internet es la fuente de información y de intercambio de ideas más importante creada por la humanidad.

Esta red fue usada al principio sólo por las universidades y centros de investigación. Y en algunos países latinoamericanos se han firmado acuerdos entre distintas organizaciones gubernamentales con el fin de que aún las escuelas de los sectores marginados tengan acceso al Internet.

Hoy en día esta "autopista de la información" está todos los días más congestionada. Mientras que pasaron 38 años hasta que la radio llegara a 50 millones de usuarios y 13 años para la televisión, el Internet sólo tomó cinco años para llegar a ese número de usuarios.

Recuerde que, aquí en los Estados Unidos, si no tiene servicio de Internet en su casa usando un proveedor de servicio al Internet o "Internet Service Provider (ISP)" casi todas las ciudades tienen en sus librerías computadoras que le permiten usar el Internet con la misma facilidad que si tuviera una computadora en la casa.

NOTA A pesar de que el Internet no tiene dueño, varias asociaciones sin fines de lucro están luchando para influenciar en forma positiva las decisiones que afectan la implementación de protocolos para el Internet. En esta forma esperan que el Internet siga siendo la fuente de conocimientos que es hoy, sin que se salga totalmente de control.

El modelo cliente-servidor y el Internet

El modelo en el cual se basa el Internet se llama el modelo cliente-servidor. Esto quiere decir que en el sistema algunas computadoras actúan como servidores (computadoras que permiten acceso a la información que está en sus discos duros) y otras computadoras actúan como clientes (las computadoras que buscan información en los diferentes servidores).

El Internet funciona de esta misma manera, sólo que con una cobertura más amplia. Hoy en día casi todas las compañías y los países del mundo tienen una presencia en el Internet.

Por ejemplo, la siguiente gráfica ilustra el proceso de obtener información con America Online sobre temas de interés a los hispanos.

El proceso de pedir y obtener información del Internet

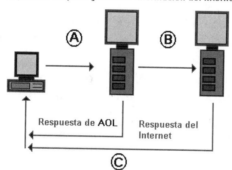

El proceso de obtener información funciona de la siguiente manera:

Ⓐ Una computadora (que llamaremos cliente) establece una conexión al proveedor de servicio al Internet (que llamaremos el servidor); a continuación el cliente abre un navegador y pide información.

Ⓑ En este momento el servidor comienza a recibir pedidos de información del cliente.

Ⓒ El servidor localiza la información que se le pide y la envía al cliente. Si la información no está al nivel del servidor de AOL éste seguirá buscándola hasta encontrarla en otro servidor. Por último, si la información no puede ser localizada por el servidor de AOL, éste enviará un mensaje de error indicando que no pudo encontrar la información y pedirá al cliente que localice algún posible error en la información de la solicitud inicial.

Las diferentes maneras de conectarse al Internet

Para usar el Internet debe conseguir acceso directo usando su propia cuenta o indirecto compartiendo una cuenta con los otros usuarios en su oficina. Después de un tiempo de usar el Internet, también se dará cuenta que la consideración más importante es la velocidad con la que recibe la información que solicite de páginas Web que esté visitando.

La manera más común de conseguir este servicio es usando un ISP. La mayoría de los ISP no le ofrecen mucho contenido. La excepción es America Online, que le ofrece mucho contenido personalizado, para lo cual es necesario usar el *software* de America Online.

Estas son las maneras más comunes de conectarse al Internet:

- Dial-Up. Usa una línea de teléfono regular y un módem. Este tipo de conexión, además de ser la más lenta, también ocupa su línea de teléfono.
- DSL. Usa un módem y una línea de teléfono digital. Este tipo de conexión, además de ser muy rápida, no ocupa su línea de teléfono.
- Cable. Necesita un módem y el mismo cable que trae la señal de la televisión.
- Internet inalámbrico o "Wi-Fi". Disponible en algunas librerías o sitios en los cuales se encuentran puntos calientes o "Hotspots", los cuales le permiten entrar al Internet con su computadora portátil.

Una de las maneras más rápidas de conectarse al Internet es subscribiéndose al servicio de Internet por cable o DSL. Para conseguir este servicio es necesario usar un módem de cable o de DSL, como el de esta gráfica.

En qué forma el uso del Internet puede beneficiarle a usted

Algunas personas pueden preguntarse, ¿Cómo me puedo beneficiar con el Internet?

Las respuestas a esta pregunta tienen una variedad infinita. Uno de los ejemplos más simples es la oportunidad de hacer por Internet muchas tareas que antes implicaban colocarse en una fila y esperar su turno por minutos u horas.

A continuación encontrará algunos ejemplos de los múltiples usos para los cuales puede usted usar el Internet:

- Buscar trabajo, no sólo en el sitio en donde vive, sino en otros lugares.
- Balancear su chequera (conciliar su cuenta bancaria).
- Comprar pasajes de avión.
- Leer el periódico o la revista favorita de su país de origen.
- Buscar el mejor restaurante de la ciudad en la que vive o la ciudad que piensa visitar.
- Comunicarse con parientes y amigos en diferentes puntos del planeta.
- Averiguar el estado del tiempo y la tasa de cambio en el país que piensa visitar.
- Tomar cursos en varias universidades de su país o del exterior.

NOTA	Al principio el Internet parecía más una novelería de jóvenes y de científicos excéntricos. Hoy en día es muy posible usar el Internet para trabajar desde su casa y usar la computadora de su trabajo sin salir de su alcoba.

Consideraciones de seguridad mientras usa el Internet

El Internet es uno de los medios de comunicación e intercambio de ideas con más usos en el mundo, y desde un par de años para acá muchas compañías han decidido hacer negocios en el Internet.

En un principio, el comercio en el Internet se limitaba a un monto de 500 millones de dólares; hoy en día esa figura es mucho más alta. Debido a la rapidez con la que se ha desarrollado el Internet, es explicable que se hubieran dejado de lado algunas consideraciones muy importantes de seguridad y que no fuera hasta que empezaron a aparecer problemas que las distintas compañías comenzaran a tomar medidas para asegurarse de que sus computadoras no fueran objeto de intrusiones por usuarios malintencionados.

Por eso hoy en día tenemos que estar conscientes sobre las diferentes precauciones que necesitamos tomar cuando usamos un navegador, como por ejemplo:

1. No haga clic sobre ninguna ventana del tipo "pop-up"—el tipo de ventana secundaria que se abre cuando está visitando un sitio Web—a menos que entienda que es lo que le están ofreciendo.

2. Si tiene que hacer una compra a través del Internet, asegúrese que la dirección de la página que está visitando empiece con "http". De lo contrario puede ser que la página, por ejemplo la aplicación en la cual le piden que escriba su información personal, no sea completamente segura.

Nunca divulgue información personal acerca de usted o de su familia inmediata a nadie en el Internet a menos de que usted ya haya tenido experiencia con una compañía o tratos comerciales con ella en el pasado.

Para recordar

- El Internet no le pertenece a nadie ni a ningún gobierno ni ninguna entidad en particular.
- El Internet tuvo sus comienzos en un proyecto del Ministerio de Defensa de los Estados Unidos en 1969.
- El protocolo TCP/IP ha sido uno de los factores más decisivos en que el Internet adquiriera el auge que tiene hoy.
- Para usar el Internet es necesario ser miembro de un servicio en línea, de un proveedor de servicio al Internet o usar una conexión a través de la red de su compañía o universidad.
- Nunca divulgue información personal a compañías, entidades o individuos que no le sean conocidos por experiencia personal o recomendados por alguien de confianza.

Cómo usar el Internet

Tipo de computadora y *software* que se necesita para usar el Internet

El Internet es uno de los sistemas de comunicación que más evoluciona en el mundo. Por este motivo los equipos y el *software* necesarios para usarlo también cambian y deben ser actualizados muy a menudo.

En estas circunstancias es difícil prever cada una de las diferentes situaciones que puede encontrar el usuario al utilizar el Internet. Su equipo y configuración, por ejemplo, pueden ser lo suficientemente buenos para leer la página virtual de su escuela de ciencias, pero esto no significa que sean igualmente aptos para instalar Shockwave y la última versión de Netscape o Internet Explorer.

Por esta razón, la siguiente es sólo una recomendación acerca del tipo de equipo y de configuración que es conveniente usar para mantener una conexión básica al Internet.

Esta es una lista de la configuración mínima que una computadora debe tener para conectarse al Internet:

Para el mundo de las IBM compatibles:

- Una computadora con al menos una Pentium II con 64 megas de RAM.
- Un disco duro con al menos unos 250 megas de espacio libre en el disco duro.
- Un módem de 56 Kbs.
- Los sistemas operativos Windows 95/98/Me/NT/XP o Unix.

Para el mundo de las Apple Macintosh:

- Una computadora PowerPC con al menos 64 megas de RAM.
- Un disco duro con al menos unos 250 megas de espacio libres en el disco duro.
- Un módem de 56 Kbs.
- El sistema operativo Apple 7.5.

Cómo conectar una computadora personal al Internet

Como pudo ver en el capítulo anterior, hoy en día existen varias maneras para conectarse al Internet. Si todavía su computadora no cuenta con acceso al Internet, la puede conectar al Internet usando un proveedor de servicio al Internet o ISP.

Siga estos pasos para conectar su computadora al Internet, usando una línea de teléfono:

1. Solicite el programa que le permite abrir una cuenta "Dial-Up" en el área donde vive, como por ejemplo America Online.

2. Una vez que reciba el programa, instálelo en su computadora siguiendo las instrucciones de éste. En este punto es muy importante que guarde la contraseña que eligió, ya que más tarde la puede necesitar.

3. Una vez que termine este proceso, le será posible entrar al Internet con sólo abrir el programa, escribir su contraseña y hacer clic sobre el botón de "Sign On".

Si necesita que su computadora esté conectada al Internet a todo momento, inscríbase a un servicio de Internet por cable o uno de DSL de esta manera:

1. Llame a su compañía de cable, y pregúnteles qué clase de ofertas tienen para Internet por cable. Después haga lo mismo con su compañía de teléfono, y pregúnteles el costo del servicio DSL. Decida cuál de estos servicios le es más favorable, y por último solicite que la compañía que eligió le envíe el equipo para conectar su computadora al Internet.

2. Una vez que reciba el módem, siga las instrucciones que vienen con el equipo para conectarlo al Internet. Una vez que haya terminado de conectar el módem y de configurar su computadora, ésta permanecerá conectada al Internet mientras esté prendida, sin ningún paso adicional.

La diferencia consiste en que si elige una conexión de Internet por cable, su conexión va a ser mucho más rápida que si elige una conexión por línea de teléfono o "Dial-Up" a través de la línea de teléfono.

El lenguaje HTML

Texto resaltado de marcadores o "HTML" es un lenguaje usado para crear páginas en el Web. Estas páginas se pueden observar con un navegador, como por ejemplo Internet Explorer o Netscape.

La mayoría de los documentos publicados en el Web son escritos en este lenguaje. Esta clase de documentos se puede reconocer por la extensión HTM o HTML. Este lenguaje les permite a los diseñadores de páginas Web a crear enlaces de información, las cuales son archivadas en una computadora diferente situada en el mismo sitio de trabajo, o inclusive en un país remoto.

```
Source of: http://www.hisp.com/ - Netscape

<html>
<head>
<!-- Copyright 1996 -->
<!-- Copyright 1997 -->
<!-- Copyright 1998 -->
<BASE HREF="http://www.hisp.com/">
<font face="TIMES NEW ROMAN, TIMES, ARIAL, HELVETICA">
<title>HISPANIC Online</title>
<body background="images/back7.gif" BGCOLOR="#FFCD62" LI
</head>
<center>
<table border="0" cellpadding="0" cellspacing="0" width='
 <tr>
 <td align="center" valign="top" width="60">
 <font size="1"><A HREF="table.html"><img src="images/tak
 Issue!" BORDER=0 width="48" height="48"></A><p>This Mont
 <p><A HREF="chat.html"><img src="images/chat.gif" ALT="(
 height="48"></A></p>
```

La gráfica de arriba muestra el código necesario para crear la página Web de entrada al sitio Web de Internet para todos. Para el usuario normal, todo esto sucede *automáticamente,* y usted no tiene que preocuparse en pensar cómo fue creada esta página.

¿Qué es http?

"Http" es la sigla del protocolo de control de hipertexto o "Hyper Text Control Protocol". Éste es un protocolo de bajo rendimiento que se basa en el hecho de que toda la información necesaria para localizar documentos está contenida directamente en los mismos documentos. La idea no es nueva, por supuesto; para un usuario de una computadora equivale a la operación de consultar un libro con diferentes capítulos y encontrar en él referencias a otros capítulos del libro que está leyendo o de otros libros.

El Web se basa en la operación de "http" como medio de comunicarse con los usuarios de los navegadores. Técnicamente se puede decir que "http" es lo mismo que texto, con una diferencia importante: éste contiene la información acerca de cómo conectarse con otros archivos.

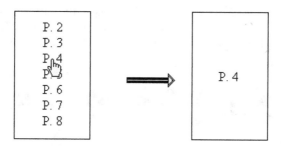

En un navegador, esta operación funciona en forma tan sencilla como voltear una página en el libro que está leyendo. Y así como al leer el libro verá algunas veces referencias a otra páginas, "Hypertext" hace lo mismo, pues le ordena al navegador ir a otra dirección virtual cuando usted elija el enlace que está escondido debajo del texto.

Esta página y la anterior acerca del HTML sólo se incluyen de manera informativa, ya que la manera como funciona este protocolo es casi transparente para el usuario de un navegador.

Cómo reconocer el hipertexto o "hypertext"

La manera de distinguir el texto común del hipertexto en una página Web es pasando el indicador del ratón por encima del texto. Usted puede observar por ejemplo que si pasa el indicador del ratón por encima del texto, el símbolo que representa el ratón no cambia. Si pasa éste encima de hipertexto en cambio, el indicador del ratón cambiará a una mano. En esta forma se dará cuenta claramente que detrás de este texto existe un enlace o "Link" a una dirección virtual que podrá visitar si elige este nombre o símbolo.

Por ejemplo, si ordena a su navegador a visitar la dirección *http://gort.ucsd.edu/news/hc.html#other,* le será posible ver una lista de recursos de medios de información latinos, como puede ver en la siguiente gráfica: Si pasa el indicador del ratón encima del título "Latin American News Links", la flechita (que indica la posición del ratón en la pantalla), cambia a una pequeña mano. Esta es una señal de que si escoge este enlace, haciendo clic sobre él, visitará un sitio Web diferente.

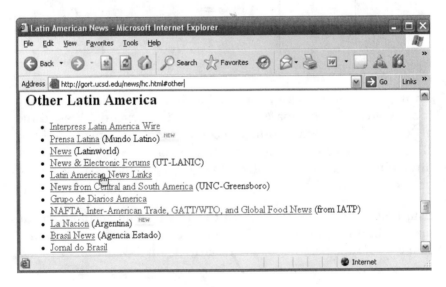

¿Qué es una dirección Web o "URL"?

Una dirección Web o "URL" es el localizador uniforme de recursos en el Internet o "URL" en la cual puede encontrar un sitio o una página Web. Esta también se puede definir como la dirección virtual de un recurso, o sea de un individuo o de una compañía, en el Internet.

Por ejemplo, si desea buscar información en el sitio Web de Vintage Books, cuando escriba en la casilla para la dirección Web: *http://www.randomhouse.com/vintage/,* el navegador abrirá la página de entrada a este sitio Web.

Estos son los pasos para visitar sitios y páginas Web, escribiendo la dirección virtual de éstas directamente en la casilla de direcciones del navegador:

1. En un navegador, haga clic en la casilla de direcciones. Después escriba la dirección Web que desea visitar. Por ejemplo: *http://www.randomhouse.com/vintage/read/espanol.html.*

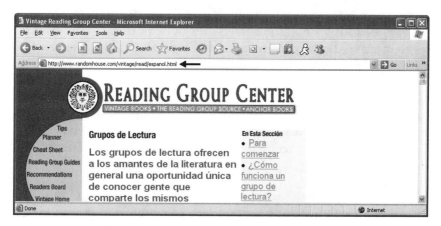

2. Una vez que termine de escribir la dirección Web o "URL", oprima "Enter". Ahora podrá ver en el área de trabajo de su navegador la página Web que corresponde a la dirección Web o "URL" que escribió.

Piense en el proceso de conectarse al Internet como crear un puente que sale de su computadora a un mundo virtual en el cual usted puede recibir noticias, aprender o comunicarse con sus seres queridos.

Los ISP que ofrecen servicio de Internet por línea de teléfono o "Dial-Up" y de cable o DSL

Hoy en día hay miles de proveedores de servicio al Internet o ISPs que le permiten conectarse al Internet usando su línea de teléfono. También hay otros que le ofrecen servicio de Internet de alta velocidad o "Broadband", usando su conexión de cable o por la línea de teléfono (en el caso de DSL).

Estas son tres compañías, y sus teléfonos, que ofrecen servicio de Internet a través de su línea de teléfono como también de cable DSL, en los Estados Unidos:

SBC Prodigy	1-866-SBC-YAHOO
America Online	1-800-392-5180
EarthLink	1-800-327-8454

Casi todas estas compañías le ofrecen teléfonos locales en los Estados Unidos y en algunas ciudades del exterior, si elije usar un servicio "Dial-Up", para que de esta manera usted no tenga que pagar por servicio telefónico de larga distancia.

Localmente también encontrará que muchas compañías ofrecen Internet por cable en el área donde vive. Por ejemplo, si vive en el estado de Connecticut llame a Cablevision para pedir el servicio de Optimum Online, que es uno de los más rápidos para usar el Internet.

Si todavía no ha escogido un proveedor de servicio al Internet, consulte con sus familiares o amigos para ver qué experiencia o recomendación tienen acerca de estos servicios en el área en que usted vive.

Estos tres servicios en línea ofrecen algo de contenido en sus servidores, en lo que se llaman Puertas de entrada al Web o "Web Portals". Como, por ejemplo, reportes del tiempo y servicios de viaje.

America Online (AOL)

La compañía America Online comenzó su servicio en línea en 1985 y hoy en día cuenta con casi 25 millones de usuarios. Esto se debe a que el contenido de este servidor ofrece muchas alternativas a los usuarios que tienen hijos, como las enciclopedias en línea para hacer las tareas escolares.

America Online también ha tenido mucho éxito en atraer nuevos miembros, como por ejemplo enviando ofertas de un mes hasta 600 horas gratis el primer mes. Por esto, America Online es indiscutiblemente el servicio en línea con el mayor número de usuarios.

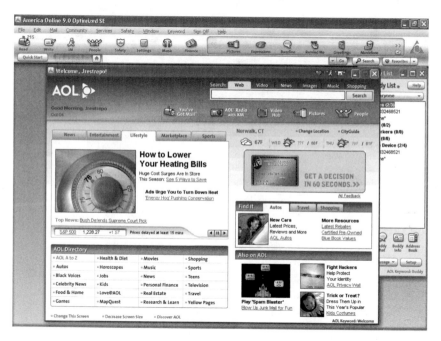

La gráfica anterior representa la pantalla de entrada a America Online.

Acceso al Internet con America Online

Siga los siguientes pasos para establecer una conexión al Internet usando America Online:

1. Haga clic sobre el símbolo de America Online en el menú de comienzo o "Start", o doble clic en el escritorio virtual o "Desktop", para abrirlo. Ahora escriba su contraseña, y después haga clic sobre "Sign On".

2. Una vez que establezca una conexión al Internet con el servidor de AOL, haga clic sobre la casilla de direcciones del navegador.

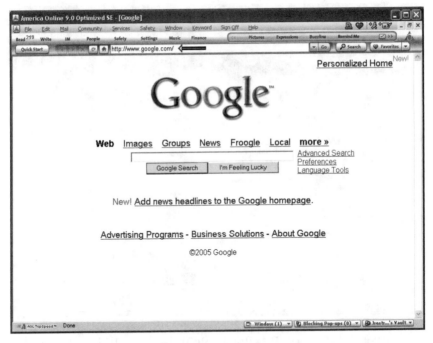

3. Ahora escriba la dirección virtual que desee visitar. Por ejemplo, si desea visitar el servidor de Google, escriba *http://www.google.com*, y después oprima "Enter" para ordenarle a su navegador que visite esta página Web.

Cómo usar marcadores o "Bookmarks" en America Online

Si desea guardar la dirección virtual de un sitio Web que esté visitando en sus sitios favoritos o "Favorites" para regresar en otra oportunidad a visitarlo, lo puede hacer fácilmente usando el ratón.

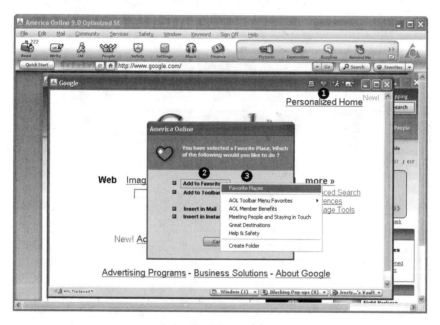

Siga estos pasos para guardar la dirección de un sitio Web que esté visitando, y al cual le gustaría regresar en otra oportunidad:

1. Mientras la página Web que desea guardar esté en la pantalla, haga clic sobre este corazón para abrir la ventana de guardar esta página Web como uno de sus sitios Web favoritos.

2. Ahora haga clic sobre guardar a favoritos o "Add to Favorites".

3. Finalmente, haga clic sobre sitios favoritos o "Favorite Places", para guardar la dirección de la página Web que tiene en la pantalla.

Si la ventana del navegador está tomando todo el área de trabajo de AOL, entonces busque el símbolo de guardar marcadores, el corazón, en la barra de título de AOL.

Cómo regresar a un sitio Web o "website" cuya dirección haya guardado previamente

Una vez que esta dirección virtual o "URL" esté guardada en sus sitios favoritos o "Favorites" le será posible regresar a visitar esta página Web con sólo buscar la dirección en la lista de favoritos y hacer clic sobre ésta.

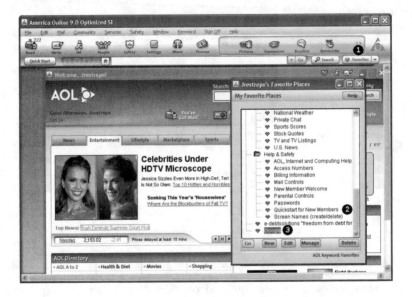

Siga estos pasos para regresar a un sitio Web cuya dirección Web o "URL" haya guardado previamente en su lista de sitios favoritos:

1. Primero haga clic sobre el icono, como un corazón, de sitios favoritos o "Favorites".
2. Cuando esta ventana abra, busque el nombre del sitio Web al cual desea regresar. A veces puede ser necesario usar esta guía, para ver toda la lista de sitios Web que guardó.
3. Finalmente, cuando lo encuentre, haga clic dos veces sobre él.

En la versión 9.0 de America Online también es posible guardar marcadores o sitios favoritos por diferentes categorías (que también puede crear usted mismo), como por ejemplo, "Meeting People" y "Staying in Touch".

La barra de herramientas o "Toolbar" en AOL 9.0

La barra de herramientas de la versión 9.0 del *software* de America Online, a pesar de tener un poco más opciones que versiones anteriores, es bastante parecida a la que se usaba en versiones anteriores, como por ejemplo AOL 6.0.

Estas son algunas de las funciones más importantes de la barra de herramientas del AOL 9.0 y de su navegador:

Ⓐ Haga clic sobre "Mail" para visitar su buzón de correo electrónico.

Ⓑ Haga clic sobre "Write" para componer un nuevo mensaje de correo electrónico.

Ⓒ Haga clic sobre bienvenido o "Welcome" para regresar al menú principal de AOL.

Ⓓ Haciendo clic sobre estas flechas (la de la izquierda lo regresa a una página y la de la derecha lo adelanta una página), puede navegar páginas que haya abierto previamente.

Ⓔ Haga clic sobre el símbolo de "X" para detener una página que se está demorando mucho en cargar o llenar, o para cancelar entrar a una página Web.

Ⓕ Si la página que desea ver se demora mucho en cargar, haga clic sobre la "X" y después haga clic sobre este símbolo.

Ⓖ Si hace clic sobre este símbolo regresará a la página principal o "Home Page".

Ⓗ En esta casilla escriba la dirección virtual del servidor Web que desea visitar.

Ⓘ Haga clic sobre sitios favoritos o "Favorites" para trabajar con los marcadores que haya guardado previamente.

Si desea, también puede, después de establecer una conexión al Internet, esconder el programa de AOL (haciendo clic sobre el símbolo de menos, en la esquina superior derecha) y usar cualquier otro navegador que tenga instalado en su computadora.

Cómo responder a las propagandas comerciales en America Online

America Online, como hemos dicho antes, es un servicio en línea excelente y en este momento es uno de los que mayor número de módems tiene (alrededor de 850.000).

Todo esto cuesta miles de dólares. Por este motivo esta compañía, al igual que muchas otras en el mundo de las comunicaciones, está tratando de vender todos los servicios posibles, desde tarjetas de crédito con muy bajos intereses, hasta servicios de larga distancia.

En la siguiente gráfica puede ver una propaganda acerca de un módem.

Qué puede hacer para aceptar o rechazar este tipo de ofertas:

Ⓐ Este es el título de la oferta y el precio del módem.

Ⓑ Esta es la descripción de la oferta.

Ⓒ Si desea aceptar esta oferta, coloque el indicador encima de "Order Here", y haga clic.

Ⓓ Si desea rechazar la oferta, haga clic sobre "No Thanks" oprimiendo el botón izquierdo una sola vez.

El mensajero instantáneo o "Instant Messenger" de America Online

El mensajero instantáneo ("Instant Messenger") de America Online le permite comunicarse con usuarios de America Online usando sólamente un proveedor de servicio al Internet (ISP).

Este programa es ideal para aquellos padres de familia que trabajan hasta tarde y cuyos hijos hacen las tareas usando este servicio en línea.

Este programa le permite enviar mensajes a sus hijos o amigos cuando el teléfono está ocupado porque alguien está usando America Online.

Para obtener una copia del Mensajero Instantáneo de America Online, visite la dirección virtual o "URL": *http://www.aim.com/.*

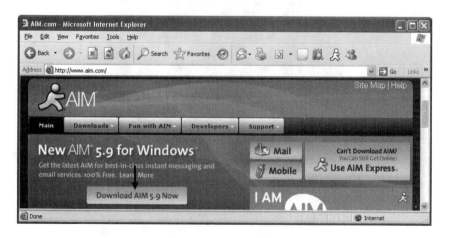

Cuando este sitio Web se abra, haga clic sobre Bajar AIM o "Download AIM 5.9 Now" y después siga las instrucciones para bajar este programa a su disco duro. Una vez que el programa esté en el disco duro puede proceder a instalarlo.

Cómo usar el mensajero instantáneo de America Online

Una vez que haya instalado el mensajero instantáneo de America Online lo puede usar de la siguiente manera:

- Establezca una conexión al Internet.
- Haga clic sobre "Start", arrastre el indicador hacia arriba hasta llegar a "Programs", después arrástrelo hacia la derecha y busque el grupo de programas de "AOL Instant Messenger™".

Ahora arrastre el indicador hacia la derecha y haga clic sobre el símbolo de "AOL Instant Messenger".

Para comenzar, si no se ha registrado, coloque el indicador a "Sign On", y haga clic una vez.

Cuando vea la siguiente pantalla, si es usuario de AOL, elija usar el nombre del sistema que usa con AOL.

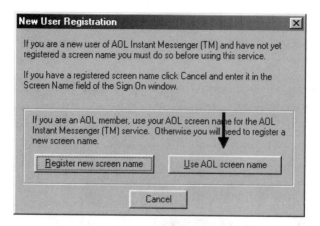

En la siguiente pantalla escriba su información para inscribirse.

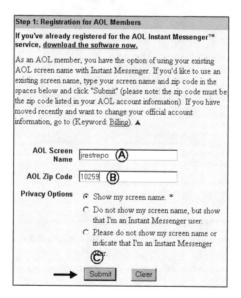

En el recuadro anterior llene su información de esta manera:

A En esta casilla escriba su nombre de usuario de AOL.

B En esta casilla escriba su código postal.

C Por último, haga clic sobre "Submit" para registrar su nombre como usuario del sistema.

La siguiente pantalla indica que la inscripción para usar el mensajero instantáneo de AOL está completa.

> **Registration for screen name *jrestrepo* is complete.
> Your password is the same as that of your AOL account.**

Ahora, cuando vea la siguiente pantalla, puede insertar su información para comenzar a usar el mensajero instantáneo de AOL.

Para usar este programa de AOL, es necesario insertar la siguiente información en el recuadro anterior:

Ⓐ El nombre de usuario de AOL.

Ⓑ La contraseña que usa con su cuenta de AOL.

Ⓒ Finalmente, haga clic sobre "Sign On" para comenzar a usar este programa.

Cómo recibir mensajes instantáneos

Una vez que haya registrado su copia del mensajero instantáneo de AOL, es posible recibir mensajes de sus amigos o allegados conectados al Internet.

Para recibir mensajes instantáneos, es necesario añadir el nombre del usuario del cual desea o espera recibir mensajes.

En la ventana que abre después de que elija inscribirse ("Sign On"), puede añadir los nombres de los usuarios de los cuales desea recibir mensajes instantáneos.

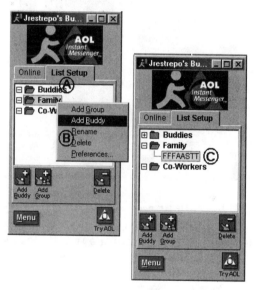

Siga los pasos indicados en el recuadro anterior para configurar la lista de parientes y allegados de los cuales espera recibir mensajes instantáneos:

A Cuando la ventana anterior se abra, haga clic sobre "List Setup".

B Ahora coloque el indicador sobre la categoría que mejor describa al usuario que desea añadir a esta lista: amigos ("Buddies"), familia ("Family") o compañeros de trabajo ("Co-workers") y oprima el botón derecho del indicador una vez. Ahora haga clic sobre "Add Buddy" en este menú.

C Finalmente en esta casilla en azul, escriba el nombre del usuario de AOL de quien desea recibir mensajes instantáneos y oprima "Enter".

Una vez que termine de añadir la lista de usuarios de los cuales desea recibir mensajes instantáneos, abra el programa de nuevo y elija "Sign on". Ahora, si uno de los usuarios designados por usted está tratando de contactarlo, lo podrá hacer de una manera más fácil.

Cuando una de esas personas le esté tratando de enviar un mensaje instantáneo verá la siguiente pantalla; si desea recibir este mensaje, oprima "Enter".

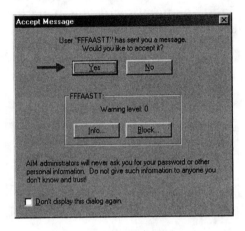

Finalmente, en la siguiente gráfica puede ver una conversación entre dos usuarios acerca de una situación en la cual el teléfono estaba ocupado y alguien le comunica a uno de los usuarios que su esposa necesita que la recoja en el supermercado.

En la gráfica anterior puede seguir los pasos necesarios para entablar esta conversación.

Ⓐ Este es el usuario que está iniciando la
conversación.

Ⓑ Este es el texto de la conversación.

Ⓒ Este es el recuadro donde debe escribir la
respuesta a las preguntas o comentarios del otro
usuario.

Ⓓ Haga clic sobre "Send" para enviar el texto que
escribió en este recuadro.

En estas páginas explico cómo usar el mensajero instantáneo de
America Online como ejemplo de un programa para entablar conversaciones instantáneas o "chat", que es útil si desea comunicarse
con amigos o parientes que también usan el mismo servicio. Pero
si éstos usan un servicio diferente, como por ejemplo Yahoo!
Messenger, entonces le será necesario conseguir una cuenta con
este servicio para poder comunicarse con ellos, o ellos pueden conseguir una cuenta con el mensajero instantáneo de America
Online.

Para recordar

- La manera más común de conectarse al Internet es a través de un servicio en línea.

- America Online es el servicio en línea más popular en todo el mundo.

- La última versión del programa para usar America Online es la versión 9.0.

- Compuserve es uno de los cinco servicios en línea más importantes.

- En determinadas circunstancias, un proveedor de servicio al Internet o "ISP" como AT&T WorldNet o Snet Internet le permite conectarse al Internet de manera más rápida.

Los navegadores

La red mundial o "World Wide Web"

La red mundial o "World Wide Web", que también se conoce como el "Web", tuvo su origen en Marzo de 1989, cuando Tim Berners-Lee del CERN propuso un medio a través del cual se pudiera intercambiar información más eficientemente entre los distintos miembros de la organización, los cuales vivían y trabajaban en diferentes países.

El mayor instrumento para que el Web fuera una realidad es un protocolo llamado TCP/IP. Gracias a éste se pueden efectuar las transmisiones de información necesarias para hacer del Web esta asombrosa red mundial de computadoras que tenemos hoy en día. Otro de los factores que han contribuido al éxito del Web es el lenguaje de enlaces HTML; éste permite la combinación de todos los elementos que son visibles en un navegador.

Para usar el Web es necesario tener un programa llamado un navegador, como por ejemplo Netscape 7.2 o Internet Explorer 6.0; éstos descifran todo el texto, el sonido y el vídeo enviados a través del Internet y los presentan al usuario en un formato parecido al de los demás programas para Windows.

La gráfica de abajo muestra los iconos que representan estos dos excelentes navegadores:

Internet
Explorer

Netscape 7.2

Para abrir uno de estos dos navegadores es suficiente hacer doble clic sobre el icono que lo representa, si está en el escritorio virtual, o sólo un clic si está en el menú de comienzo o "Start".

Es importante recalcar que si ve un ejemplo en este libro sobre el uso de Internet Explorer 6.0 o Netscape 7.2, este ejemplo en la mayoría de los casos también lo podrá realizar si usa una versión anterior de uno de estos navegadores.

La diferencia entre un sitio Web y una página Web

A través de este libro usaré muchos términos que pueden ser nuevos para usted. Dos de estos términos que pueden confundirle fácilmente son: "sitio Web" y "página Web".

¿Qué es un sitio Web? Por lo general un "sitio Web" se entiende como una o varias computadoras conectadas al Internet cuya función es administrar un dominio virtual asignado (como por ejemplo el dominio de *Internetparatodos.com*) y atender pedidos de información de computadoras de todas partes del mundo.

Una página Web es una de las páginas guardadas en una de las computadoras en un sitio Web. Un sitio Web, como por ejemplo *Microsoft.com,* puede tener miles de páginas Web.

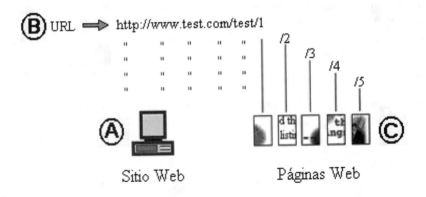

Sitio Web   Páginas Web

Siga la gráfica de arriba para entender mejor la diferencia entre un sitio Web y una página Web:

A Este es el sitio Web con la dirección Web o "URL" *http://www.test.com.* Este sitio Web consiste de cinco páginas Web.

B Ahora note que la dirección Web de cada una de estas cinco páginas es parecida, y la única parte de la dirección Web que cambia en cada una es el último número.

C Estas son las cinco páginas Web con direcciones virtuales desde *http://www.test.com/test/1* hasta *http://www.test.com/test/5.*

¿Qué es un navegador o "browser"?

Es un programa que le permite hallar, bajar y mostrar archivos con texto, video, sonido y todas la gráficas que comprenden una página virtual.

El navegador descifra internamente todas las instrucciones que recibe su computadora a través del Internet y las presenta en su pantalla como texto y gráficas.

El primer navegador que salió al mercado se llamó Mosaic, y fue el producto de un centro de investigación de la Universidad de Illinois. El éxito de este programa consistió en que tenía una plataforma gráfica que le permitía usar el indicador para buscar documentos en el Internet.

Hoy en día también existen compañías que usan navegadores para distribuir información internamente; las redes de este tipo se llaman "intranets".

Usando un navegador puede usted visitar un servidor en Rusia y después otro en el África, todo en unos pocos minutos. Así tendrá la ilusión de estar viajando a diferentes sitios del mundo y de expandir, por supuesto, sus posibilidades de informarse mejor acerca de lo que sucede en otras latitudes. Los sitios que usted visita con su navegador se llaman páginas Web.

En los últimos años, dos navegadores se han destacado por la cantidad de adelantos técnicos que utilizan en la presentación de la información. Por la misma razón, ellos cuentan con un mayor número de usuarios:

- Internet Explorer
- Netscape

En realidad ambos son tan buenos que hoy en día la mayoría de los usuarios del Internet prefieren usar uno de ellos.

Algunas de las cosas que puede hacer con un navegador

Hoy en día millones de personas entran al Internet para buscar noticias, comprar acciones, obtener información acerca de las vacaciones que piensan tomar y comunicarse con parientes, amigos o asociados alrededor del mundo. Todo esto, sorprendentemente, sin abandonar la casa u oficina.

Un navegador le permitirá efectuar un número indefinido de diligencias que en el pasado casi siempre le hubieran significado hacer un viaje y tal vez esperar en línea, o hacer cola, como decimos algunos latinos.

Un navegador tiene la ventaja adicional de ofrecer al usuario la posibilidad de buscar información en otras partes del mismo servidor, o de otros alrededor del mundo, los cuales son accesibles con sólo oprimir el botón izquierdo del indicador sobre el enlace.

En el futuro, muchas más funciones que todavía requieren su presencia podrán hacerse a través del Internet; la imaginación es el único límite real de los usos prácticos de esta nueva tecnología que promete cambiar en forma dramática el mundo en que vivimos.

Las siguientes son algunas de las funciones o diligencias que usted puede efectuar usando su navegador:

- Buscar un trabajo nuevo.
- Estudiar y tomar exámenes en línea.
- Leer los periódicos y revistas favoritos de su país de origen desde la casa u oficina.
- Buscar información acerca de casi todos los temas: empleo, aviación, cultura general, historia y muchos más.
- Conocer gente con intereses afines a los suyos.
- Comprar artículos, pasajes de avión y mercancía de casi todo tipo.
- Consultar reportes del tiempo.
- Planear sus próximas vacaciones.

El navegador Internet Explorer 6.0

Internet Explorer 6.0 es distribuido en forma gratuita por la compañía Microsoft, como parte del sistema operativo Windows XP. Si tiene una versión anterior de este programa, como por ejemplo IE 5.0, puede visitar el servidor Web de Microsoft y bajar una versión más reciente de este programa.

Si desea usar el navegador Internet Explorer 6.0 para navegar en el Web, es necesario que primero abra una conexión al Internet, usando su proveedor de servicio al Internet o ISP. Si dispone de una conexión al Internet con un módem de cable, esta conexión al Internet estará disponible sin ningún paso adicional, mientras la computadora esté prendida.

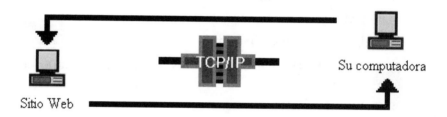

La gráfica de arriba ilustra la manera en que funciona una conexión al Internet. En un sentido, viajan los pedidos de información de su computadora y la respuesta regresa de un sitio Web a su computadora.

Internet
Explorer

Una vez que establezca una conexión al Internet, haga clic sobre el símbolo de Internet Explorer en su escritorio virtual o "Desktop". Si el símbolo de Internet Explorer no está en su escritorio virtual, búsquelo llevando el indicador del ratón sobre el menú de comienzo o "Start", luego sobre "All Programs" y finalmente haga clic sobre el icono de Internet Explorer.

Requisitos para usar Internet Explorer 6.0

Internet Explorer 6.0 es uno de los mejores navegadores para usar el Internet. Por este motivo es necesario que su computadora reúna ciertos requisitos para que esta experiencia no lo desanime.

Si usted desea usar Internet Explorer 6.0, lo ideal sería que su computadora tuviera las siguientes especificaciones:

- Si tiene una computadora IBM compatible, éstos son los requerimientos mínimos que recomiendo:
  - Sistema operativo Windows 98, 98SE, Me, 2000, NT o XP.
  - Procesador Pentium III de al menos 650 Mhz.
  - 124 Megas de RAM.
  - 2 gigas libres en el disco duro.
- Si tiene una Macintosh, éstos son los requerimientos mínimos que recomiendo:
  - Sistema operativo 9 o mejor.
  - Procesador G4.
  - 256 MB de RAM.
  - 2 Gigas libres en el disco duro.

También es necesario que la computadora que use tenga una conexión al Internet por medio de un proveedor de servicio al Internet o ISP (usando su teléfono o "Dial-Up", cable o "DSL"), o usando una conexión directa al Internet en su sitio de trabajo.

Si después de leer este capítulo desea actualizar su versión de Internet Explorer, recuerde que instalar una versión nueva de un programa le puede crear algunas dificultades. Por esa razón, si no tiene mucha experiencia instalando programas, trate de buscar la ayuda de una persona calificada.

La página de entrada o "Home Page" de Internet Explorer 6.0

En la gráfica de abajo puede ver la ventana del navegador Internet Explorer 6.0. En este momento el navegador está recibiendo información del servidor Web de la compañía Vintage.

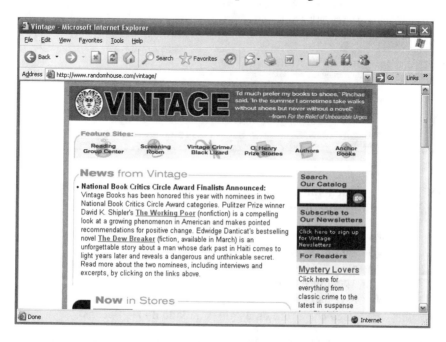

La versión 6 de este navegador, que viene incluída con el sistema operativo Windows XP, es mucho más segura que versiones anteriores, como la version 5.0. Si tiene una versión anterior de este navegador, por ejemplo en una computadora con Windows 98, también le será posible conseguir la versión 6, visitando el sitio Web de las actualizaciones que ofrece Microsoft ("Windows Update").

Estas son los partes principales con las cuales es útil familiarizarse para aprender a trabajar con el navegador Internet Explorer 6.0. Recuerde que visitar sitios Web con la versión 6.0 de este navegador se realiza de casi la misma manera a como se trabajaba en versiones anteriores, como por ejemplo la versión 5.0 de Internet Explorer.

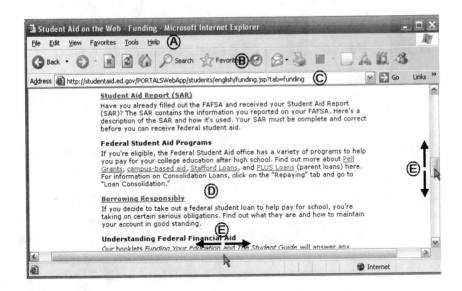

Siga esta gráfica para reconocer las partes más importantes del navegador Internet Explorer 6.0:

Ⓐ Esta es la barra de menús.

Ⓑ Esta es la barra de herramientas.

Ⓒ Esta es la casilla para escribir la dirección de la página Web que desea visitar.

Ⓓ Este es el área de trabajo.

Ⓔ Haga clic sobre estas guías (al lado de las flechas), mientras mantiene el botón izquierdo del ratón oprimido. Por ejemplo, mueva la guía horizontal de un lado a otro para revelar partes de una página Web que parecen estar escondidas en su navegador. Mueva la guía verticalmente, de arriba abajo, si desea adelantarse una página o regresar a la página anterior.

Por ejemplo, si está mirando una página Web de 30 hojas, también le será posible adelantarse o regresar una página Web, usando las teclas: "Home", "Page Down", o "Page Up".

Los menús de funciones en Internet Explorer 6.0

Usando la barra de menús es posible realizar la mayoría de funciones necesarias para usar este navegador. La barra de menús se puede usar con el ratón o con el teclado. Con el ratón es suficiente hacer clic sobre el nombre del menú con el cual desea trabajar, y con el teclado presione la tecla "Alt", y después oprima la letra que está subrayada en el menú con el cual desea trabajar.

Siga estos ejemplos para familiarizarse con la barra de menús en este navegador, haciendo clic una vez sobre el nombre del menú con el cual desea trabajar. Después un menú desplegable se abrirá revelándole más opciones, en las cuales también puede hacer selecciones con sólo hacer clic sobre el nombre de la selección que desea usar:

A Por ejemplo, haga clic sobre "File" para encontrar el menú de imprimir una página Web, y después clic sobre "Print". Si desea usar el teclado para abrir este menú, sostenga la tecla "Alt" y después la tecla "F".

B Si hace clic sobre "Edit", verá la opción para seleccionar todas las páginas o para buscar información en una sola página haciendo clic sobre "Find".

C Cuando hace clic sobre "View", aparecen más opciones útiles para cambiar la manera como el navegador le presenta información. Por ejemplo, si hace clic sobre "View", y después sobre "Text Size", puede cambiar el tamaño de las letras que aparecen en su navegador.

D Cuando hace clic sobre sus sitios favoritos o "Favorites", el navegador le presenta varias opciones para trabajar con la lista de los sitios Web que visita a menudo.

E Cuando hace clic sobre el menú de herramientas o "Tools", tendrá acceso a varias opciones, como por ejemplo la opción para limitar las ventanitas o "Pop-Ups".

Recuerde que una de las ventajas de usar el sistema operativo de Microsoft Windows es que muchos programas funcionan de manera similar; por este motivo si aprende a usar los comandos básicos en un programa, como imprimir y buscar texto, es muy posible que este conocimiento le sirva cuando usa otro programa, como por ejemplo este navegador.

La casilla de direcciones en Internet Explorer 6.0

La casilla de direcciones es el espacio en el navegador donde va la dirección virtual o "URL" de las páginas Web que desee visitar. Note que cuando está navegando el Internet y cambia de página Web, la dirección virtual también cambia.

Si quiere, piense en esta acción, la de escribir la dirección de una página Web en esta casilla y de oprimir la tecla de confirmar o "Enter", como tocar a la puerta en una casa. A veces alguien abrirá la puerta, y a veces puede que no encuentre a nadie. Ahora, si por equivocación entra a un lugar diferente y algo desagradable aparece en su pantalla, cierre el navegador haciendo clic en la "X" en la esquina superior derecha.

En la gráfica de arriba puede ver la casilla de direcciones, señalada por la flecha, en Internet Explorer 6.0. El contenido en el área de trabajo (en el ejemplo de arriba, la página del Grupo de Lectura de Vintage Books), corresponde a la dirección en la casilla de direcciones (*http://www.randomhouse.com/vintage/read/espanol.html*).

La barra de herramientas o "Toolbar" en Internet Explorer 6.0

Como casi todos los programas para el sistema operativo Windows, este navegador cuenta con lo que se llaman barras de herramientas o "Toolbars". Estas están compuestas de iconos o símbolos que, cuando usted hace clic sobre ellos, le permiten efectuar un número de funciones usando solamente el ratón.

Para usar la barra de herramientas, lleve el indicador encima del icono con el cual desea trabajar, y haga clic sobre él (oprimiendo el botón izquierdo una vez). Estos son los iconos más útiles, y su función, en esta barra de herramientas:

A Haga clic sobre estas flechas para avanzar o regresar a páginas que haya visitado previamente en un sitio Web. Por ejemplo, si hace clic sobre la flecha de la izquierda ("Back"), regresará a la página que visitó anteriormente, y si hace clic sobre la flecha de la derecha ("Forward") se adelantará a una página que ya visitó previamente.

B Haga clic sobre el símbolo de "X" si una página está tomándose mucho tiempo en cargar; a veces es necesario llevar el ratón a este símbolo y después a "Refresh" para entrar a una página virtual.

C Haga clic sobre el símbolo "Refresh" para intentar cargar de nuevo la página virtual que está tratando de ver.

D Haga clic sobre el símbolo de "Home" para regresar a la página inicial ("Home Page") que el navegador abre al principio.

E Haga clic sobre el símbolo de "Print" si desea imprimir.

La mayoría de las funciones que se realizan haciendo clic sobre estos iconos, como por ejemplo imprimir, también se pueden realizar desde el menú de archivos o "File Menu".

El área de trabajo en Internet Explorer 6.0

El área de trabajo en un navegador se puede considerar como la ventana al resto del mundo cibernético, pues no importa dónde esté usando este navegador, usted podrá tener acceso (si el Internet no está filtrado) a casi todos los recursos que el Internet ofrece.

Por ejemplo, en la gráfica de abajo puede ver la ventana de entrada al sitio Web de Vintage Books:

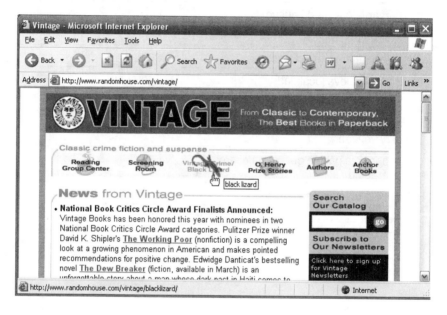

Desde esta ventana es de donde usted envía y recibe la información que le permite ser un ciudadano virtual de esta gran comunidad de usuarios del Internet.

Note que cuando mueve el indicador del ratón por esta ventana, el símbolo de la flecha va a cambiar algunas veces a una pequeña mano; esto le indica que éste es un enlace, y si hace clic sobre él, el navegador le mostrará una página Web en el mismo sitio Web que está visitando, u otra página Web en otro sitio Web en otra parte del mundo.

Atajos para facilitar el uso de Internet Explorer 6.0

Casi todas las funciones que se pueden realizar con el ratón, también pueden efectuarse usando una combinación de teclas en el teclado.

Avanzar hasta la página siguiente:	ALT + Flecha de la derecha
Volver a la página anterior:	ALT + Flecha de la izquierda
Cargar la página de nuevo:	F5
Salir de una página:	ESC
Seleccionar todo el texto:	CRTL + A
Ir a una nueva localidad:	CTRL + O
Abrir una nueva copia del navegador:	CTRL + N
Guardar la página que está en el navegador:	CTRL + S
Imprimir la página que ve en el área de trabajo:	CTRL + P
Activar el enlace seleccionado:	ENTER
Detener el proceso de cargar una página:	ESC

Cómo regresar a las páginas Web que visitó recientemente con Internet Explorer 6.0

En este navegador es muy fácil regresar a sitios Web sin necesidad de recordar y escribir las direcciones Web o "URLs", que visitó recientemente, ya que puede exhibir su dirección virtual o "URL" en la casilla de direcciones, siempre y cuando su navegador esté configurado para guardarlos.

Siga estos pasos para regresar a un sitio Web que ya haya visitado recientemente, sin necesidad de tener que escribir la dirección virtual o "URL" de éste:

Ⓐ Primero haga clic sobre este símbolo, indicador por la flecha, para ver la lista de los sitios Web que ha visitado en los últimos días.

Ⓑ Esta es la lista de las direcciones Web o "URLs" de los sitios que ha visitado en los últimos días. Si desea regresar a un sitio determinado, lleve el ratón sobre el enlace y oprima el botón izquierdo una vez.

Esta lista cambia de acuerdo a la cantidad de sitios Web que visita. Si casi nunca ve los sitios que ha visitado el día anterior, puede ser que su navegador esté configurado para borrar en vez de guardar estas direcciones después de un número determinado de días.

Para pedirle a su navegador que las guarde por más tiempo, haga clic sobre el menú de herramientas o "Tools", y después "Internet Options":

1. En esta ventana de herramientas, revise debajo de historia o "History" el numero de días que su navegador guarda las direcciones de los sitios Web que visita.

2. Para cambiar el número de días, escríbalo o haga clic sobre las guías al lado del número. Si desea borrar esta lista haga clic sobre borrar lista o "Clear List".

Para cerrar esta ventana haga clic sobre "OK", u oprima la tecla de "Enter". En Windows XP la lista de los sitios Web que visita es privada para cada usuario de la computadora.

Cómo trabajar con los sitios favoritos o "Favorites" en Internet Explorer 6.0

Use los sitios favoritos o "Favorites" (estos también se conocen como marcadores), si desea guardar las dirección Web o "URL" de un sitio o una página Web que visita a menudo en una lista permanente. Una vez que la dirección virtual o "URL" esté guardada en esta lista, le será posible regresar a ella sin necesidad de tener que escribirla.

Siga el siguiente ejemplo para aprender a usar los marcadores en Internet Explorer 6.0:

1. Haga doble clic sobre el icono de Internet Explorer 6.0 para abrirlo en su escritorio virtual o "Desktop", o sólo un clic sobre el icono de éste en el menú de comienzo o "Start".

2. Ahora haga clic en frente de "Address" y después escriba la dirección virtual del servidor Web que desea visitar. En este ejemplo visitaremos el servidor de la NASA con dirección virtual *http://www.Nasa.gov*. Cuando termine de escribir esta dirección, oprima la tecla de confirmar o "Enter" para ordenarle al navegador que cargue el contenido de esta página Web en el área de trabajo de este navegador.

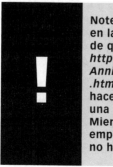

Note cómo la dirección que escribió en la casilla de direcciones, después de que oprimió "Enter", cambió a: *http://www.nasa.gov/externalflash/ Anniversary_VisMar/index_noaccess .html*. Los servidores Web a veces hacen eso para dirigir el tráfico a una página que han diseñado mejor. Mientras la nueva dirección empiece con *http://www.nasa.gov/* no hay problema.

3. Ahora si desea guardar esta dirección virtual o "URL" para regresar a visitar este servidor Web en otra oportunidad, haga clic sobre favoritos o "Favorites", y después sobre "Add to Favorites" (Añada a favoritos).

Ahora otra ventana se abre, pidiéndole que confirme que desea guardar esta dirección virtual en su lista de favoritos.

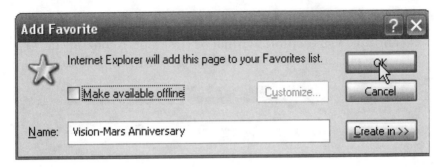

4. Finalmente haga clic sobre "OK" para guardar esta dirección Web. Ahora esta dirección Web permanecerá disponible hasta el momento en que la borre.

Recuerde que cuando guarde la dirección virtual o "URL" de un sitio Web al cual desea regresar en otra oportunidad, y usa Windows 98, ésta también estará disponible para cualquier otra persona que use la computara. Si usa Windows XP, la lista de favoritos o "Favorites" no estará disponible para otros usuarios que entren a la computadora con nombres de usuarios diferentes.

Si en un futuro desea regresar a este sitio Web lo puede hacer muy fácilmente, de esta manera:

1. Abra Internet Explorer, si este navegador no está abierto ya, y haga clic sobre su lista de favoritos o "Favorites".

2. Ahora busque, en la lista que aparece en el menú desplegable, el nombre del sitio Web al cual desea regresar, y haga clic sobre él para abrirlo. En este ejemplo, es "Vision-Mars Anniversary".

Para borrar permanentemente una dirección Web que haya guardado previamente en la lista de favoritos en este navegador, haga clic sobre el menú desplegable de "Favorites".

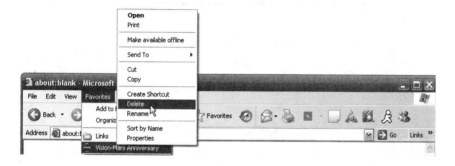

Después haga clic con el botón derecho del ratón sobre la dirección Web que desea borrar de esta lista, en este caso "Vision-Mars Anniversary", y después en el próximo menú que aparece haga clic sobre "Delete" para borrarla, y por último oprima la tecla de confirmar o "Enter".

El navegador Netscape 7.2

Netscape 7.2 es distribuido en forma gratuita por la compañía del mismo nombre, Netscape. Si tiene una versión anterior de este programa, como por ejemplo Netscape 4.7, puede visitar el servidor Web de esta compañía y bajar una copia gratis de la última versión de este programa.

Antes de usar este programa para navegar el Internet, es necesario que abra una conexión al Internet usando su proveedor de servicio al Internet o "ISP". Si tiene una conexión al Internet con un módem de tipo cable, esta conexión al Internet está disponible sin ningún paso adicional mientras la computadora esté prendida.

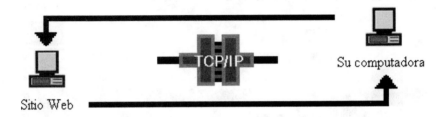

La gráfica de arriba ilustra un poco la dinámica de la manera en como funciona una conexión al Internet. En un sentido viajan los pedidos de información de su computadora y de regreso viene la respuesta de un servidor Web a su computadora.

Netscape 7.2

Una vez que establezca una conexión al Internet, haga clic sobre el icono de Netscape 7.2 en su escritorio virtual o "Desktop". Si el icono de Netscape 7.2 no está en su escritorio virtual, búsquelo llevando el indicador del ratón sobre el botón de comienzo o "Start", luego a "All Programs" y finalmente haga clic sobre el icono de Netscape.

Requisitos para usar Netscape 7.2

Netscape fue uno de los primeros navegadores para usar el Internet, y por este motivo mucha gente todavía lo usa.

Si usted desea usar Netscape 7.2, lo ideal sería que su computadora tuviera las siguientes especificaciones:

- Si tiene una computadora PC compatible, estos son los requerimientos mínimos que recomiendo:
  - Sistema operativo Windows 98, 98SE, Me, 2000, NT o XP.
  - Procesador Pentium III de al menos 650 Mhz.
  - 124 Megas de RAM.
  - 2 gigas libres en el disco duro.
- Si tiene una Macintosh, estos son los requerimientos mínimos que recomiendo:
  - Sistema operativo 9.0 o mejor.
  - Procesador G4.
  - 256 MB de RAM.
  - 2 Gigas libres en el disco duro.

También es necesario que la computadora que use tenga una conexión al Internet por medio de un proveedor de servicio al Internet (usando su línea de teléfono o "Dial-Up" o usando Internet por cable o "DSL"), o usando una conexión directa al Internet en su sitio de trabajo.

Si después de leer este capítulo desea actualizar su versión de Netscape a la versión 7.2, recuerde que instalar una versión nueva de un programa le puede crear algunas dificultades. Por esa razón, si no tiene mucha experiencia instalando programas, trate de buscar la ayuda de una persona calificada.

Componentes del navegador Netscape 7.2

Estos son los componentes principales con los cuales es útil familiarizarse para trabajar con el navegador Netscape 7.2. Estos componentes también son muy similares en versiones anteriores de este navegador, como por ejemplo Netscape 4.7.

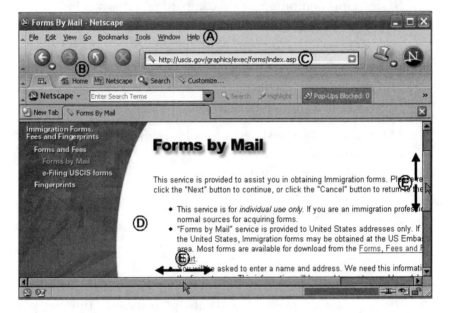

En la gráfica de arriba compare las letras con la información que sigue para encontrar la función de los componentes más importantes del navegador Netscape 7.2:

Ⓐ Esta es la barra de menús.

Ⓑ Esta es la barra de herramientas.

Ⓒ Esta es la casilla para escribir la dirección Web O "URL", de la página Web que desea visitar.

Ⓓ Este es el área de trabajo.

Ⓔ Haga clic sobre estas guías (al lado de las flechas), mientras mantiene el botón izquierdo del ratón oprimido. Por ejemplo, mueva la guía horizontal de un lado a otro para revelar partes de una página Web que parecen escondidas en su navegador. Mueva la guía verticalmente, de arriba abajo, si desea adelantarse una página o regresar a la página anterior.

La barra de menús en Netscape 7.2

Usando la barra de menús es posible realizar la mayoría de funciones necesarias para usar este navegador. La barra de menús se puede usar con el ratón o con el teclado. Con el ratón es suficiente hacer clic sobre la letra del menú con el cual desee trabajar, y con el teclado presione la tecla "Alt", y después oprima la letra que está subrayada en el menú con el cual desea trabajar.

Siga estos ejemplos para familiarizarse con la barra de menús en este navegador, haciendo clic una vez sobre el nombre del menú con el cual desea trabajar. Después un menú desplegable se abrirá revelándole más opciones, en las cuales también puede hacer selecciones con sólo hacer clic sobre el nombre de la selección que desea usar:

Ⓐ Por ejemplo, haga clic sobre "File" para encontrar el menú de imprimir una página Web, y después clic sobre "Print". Si desea usar el teclado para abrir este menú, sostenga la tecla de "Alt", y después la tecla "F".

Ⓑ Si hace clic sobre "Edit", verá la opción para seleccionar todas las páginas o para buscar información en una sola página haciendo clic sobre "Find".

Ⓒ Cuando hace clic sobre "View", aparecen más opciones útiles para cambiar la manera como el navegador le presenta información. Por ejemplo, si hace clic sobre "View", y después sobre "Text Size", puede cambiar el tamaño de las letras que aparecen en su navegador.

Ⓓ Cuando hace clic sobre marcadores o "Bookmarks", el Navegador le presenta varias opciones para trabajar con la lista de los sitios Web que visita a menudo.

Ⓔ Cuando hace clic sobre el menú de herramientas o "Tools", tendrá acceso a varias opciones, como por ejemplo limitar las ventanitas o "Pop-ups".

Recuerde que una de las ventajas de usar el sistema operativo de Microsoft Windows es que muchos programas funcionan de manera similar; por este motivo, si aprende a usar los comandos básicos en un programa, como imprimir y buscar texto, es muy posible que este conocimiento le servirá cuando usa otro programa, como por ejemplo este navegador.

La casilla de direcciones en Netscape 7.2

La casilla de direcciones es el espacio en el navegador donde va la dirección virtual o "URL" de las páginas Web que desee visitar. Note que cuando está navegando el Internet y cambia de pagina Web, la dirección virtual o "URL" también cambia.

Piense en esta acción de escribir la dirección de una página Web en esta casilla y de oprimir la tecla de confirmar o "Enter", como tocar a la puerta en una casa. A veces alguien abrirá la puerta, y a veces puede que no encuentre a nadie. Ahora, si por equivocación entra a un lugar diferente y algo desagradable aparece en su pantalla, cierre el navegador haciendo clic en la "X", en la esquina superior derecha.

En la gráfica de arriba puede ver claramente la casilla de direcciones, indicada por la flecha, en Netscape 7.2. El contenido, en el área de trabajo (en el ejemplo de arriba, la página del Grupo de Lectura de Vintage Books), corresponde a la dirección en esta casilla: *http://www.randomhouse.com/vintage/read/espanol.html.*

La barra de herramientas o "Toolbar" en Netscape 7.2

Como casi todos los programas para el sistema operativo Windows, este navegador cuenta con barras de herramientas o "Toolbars". Estas están compuestas de iconos, o símbolos, que, cuando usted hace clic en ellos, le permiten efectuar un número de funciones usando solamente el ratón.

En la siguiente gráfica puede ver la barra de herramientas del navegador Netscape 7.2:

Para usar la barra de herramientas, lleve el indicador encima del símbolo con el cual desea trabajar, moviendo el ratón, y haga clic sobre él (oprimiendo el botón izquierdo una vez). Estos son los componentes más comunes en esta barra de herramientas:

A Haga clic sobre estas flechas para avanzar o regresar a páginas que ya ha visitado en un servidor Web. Por ejemplo, si hace clic sobre la flecha de la izquierda ("Back"), regresará a la página que vio anteriormente, y si hace clic sobre la flecha de la derecha ("Forward"), se adelantará una página.

B Haga clic sobre este símbolo ("Refresh"), para cargar de nuevo la página virtual que está tratando de ver.

C Haga clic sobre el símbolo de "X" ("Stop") si una página está tomando mucho tiempo en cargar; a veces es necesario llevar el ratón a este símbolo y después a "Refresh" para entrar a una página virtual.

D Haga clic sobre el símbolo de "Home" para regresar a la página inicial ("Home Page") que el navegador abre al principio.

E Haga clic sobre el símbolo de "Print" si desea imprimir.

El área de trabajo en Netscape 7.2

El área de trabajo se puede considerar como la ventana al resto del mundo cibernético. En este espacio, de manera transparente, un usuario puede, en cualquier lugar del mundo en donde esté, tener acceso por medio de un navegador a casi todos los recursos que ofrece el Internet.

De la misma manera como sucede con el navegador Internet Explorer, desde esta ventana de Netscape 7.2 es desde donde usted envía y recibe la información que le permite ser un ciudadano virtual de esta gran comunidad de usuarios del Internet.

También en este programa, cuando mueva el indicador por la ventana, el símbolo de flecha va a cambiar algunas veces a una pequeña mano. Esto le indica que éste es un enlace si lo elige, y el navegador lo llevará a otra página en el mismo servidor Web o a otro servidor Web en otra parte del mundo.

Esta tecnología fue inventada por Netscape. Los marcos o "Frames" permiten que un diseñador de un servidor Web presente información en varias ventanas de la misma página simultáneamente. Esto es muy útil cuando un diseñador o un usuario desea repetir una tabla de contenidos. Este tipo de página sólo se puede guardar o imprimir marco por marco.

Cómo usar los marcos o "Frames" en Netscape 7.2

El servidor Web en la gráfica de abajo es un buen ejemplo del uso de marcos con tablas de contenido.

Si desea seguir este ejemplo para aprender a usar marcos en este navegador, escriba la dirección virtual *http://www.3net.com.ar* en la casilla de direcciones, después oprima la tecla de confirmar o "Enter". Cuando vea la pantalla de arriba haga clic sobre "productos y servicios".

Si decidió seguir el ejemplo anterior y hacer clic sobre "productos y servicios", el navegador abre otra página diferente. Esta es una página Web que usa marcos para mostrar información en una forma más organizada.

Ahora puede ver en el recuadro de abajo una página con un menú a la izquierda y un área de trabajo a la derecha:

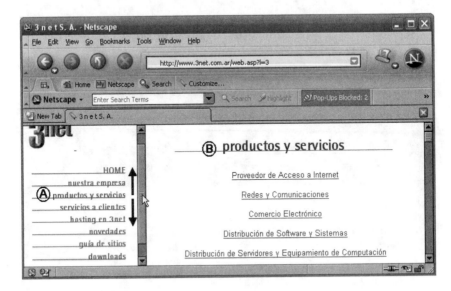

En este ejemplo de cómo usar marcadores, puede observar lo siguiente:

Ⓐ El marco de la izquierda es por lo general el que muestra la tabla de contenido. Por ejemplo, haga clic, si desea seguir este ejemplo, sobre "productos y servicios". Si el marco de la izquierda tiene una lista muy larga, lleve el indicador del ratón sobre esta guía (señalada con una flecha), después sostenga el botón izquierdo del ratón y jale hacia arriba o hacia abajo para revelar los nombres escondidos.

Ⓑ Ahora en el marco de la derecha aparecerá el contenido del enlace o "link" de "productos y servicios" que escogió en el marco de la izquierda.

Atajos para usar Netscape 7.2

Casi todas las funciones que se pueden realizar con el indicador también pueden efectuarse usando una combinación de teclas.

La siguiente es la lista de algunos atajos que puede usar si prefiere utilizar el teclado en lugar del indicador; en esta forma se pueden realizar casi el mismo número de funciones.

Abrir otra copia del navegador:	CTRL + N
Visitar otro servidor Web:	CTRL + O
Imprimir una página:	CRTL + P
Cerrar el navegador:	CTRL + Q
Seleccionar todo el texto que ve en la página:	CRTL + A
Cargar de nuevo una página:	CTRL + R
Regresar a la página anterior:	ALT + Flecha de la izquierda
Adelantar una página:	CTRL + Flecha de la derecha
Suspender el proceso de cargar una página:	ESC

NOTA

Casi todas las instrucciones en este capítulo se pueden seguir con versiónes anteriores a la Netscape 7.2, como por ejemplo Netscape 4.7. Por este motivo no debe alarmarse si su versión de Netscape es un poco diferente a la que aparece en estos ejemplos. Recuerde como regla general: no actualice un programa que le está funcionando bien a una versión más reciente si usted no sabe mucho de computadoras, a menos que haya consultado con un familiar o un amigo.

Cómo regresar a los últimos sitios que visitó con Netscape 7.2

En este navegador es muy fácil regresar a los sitios Web sin necesidad de recordar y escribir las direcciones Web o "URLs" que visitó recientemente en la casilla de direcciones, siempre y cuando su navegador esté configurado para guardarlas.

Pare seguir este ejemplo, haga doble clic sobre el icono de Netscape 7.2 para abrirlo en el escritorio virtual o "Desktop", o haciendo clic en el icono de Netscape en el menú de comienzo o "Start Menu".

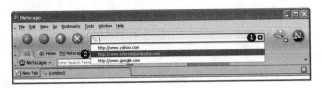

Siga estos pasos para regresar a un sitio Web que ya haya visitado recientemente:

1. Primero haga clic sobre este símbolo, indicador por la flecha, para ver la lista de los sitios que ha visitado en los últimos días.
2. Esta es la lista de los sitios que ha visitado en los últimos días. Si desea regresar a un sitio Web, lleve el ratón sobre la dirección virtual o "URL" de éste y oprima el botón izquierdo una vez.

Si tiene problemas usando esta lista, haga clic sobre el menú de editar o "Edit", y después sobre preferencias o "Preferences":

1. En esta ventana de herramientas, haga clic sobre "Navigator", y después sobre historia o "History".
2. Revise el número de días que su navegador está guardando las direcciones de los sitios Web que visita. Para cambiar el número de días, escríbalo o haga clic sobre las guías al lado del número. Si desea borrar esta lista haga clic sobre borrar lista o "Clear List", o sobre limpiar barra de localización o "Clear Location Bar".

Para cerrar esta ventana haga clic sobre "OK", u oprima la tecla de "Enter". En Windows XP la lista de los sitios Web que visita es privada para cada usuario de la computadora.

Cómo usar marcadores o "Bookmarks" en Netscape 7.2

Use los marcadores o "Bookmarks" si desea guardar en una lista permanente la dirección virtual o "URL" de una página Web que desea visitar a menudo. La ventaja de usar marcadores es que le será posible regresar a una página Web sin necesidad de recordar y escribir la dirección virtual de la página Web a la cual desea regresar.

Siga la gráfica de abajo para aprender a usar marcadores en Netscape 7.2. Haga doble clic sobre el icono de Netscape 7.2 para abrirlo en su escritorio virtual o "Desktop", o un sólo clic sobre el icono de éste en el menú de comienzo o "Start".

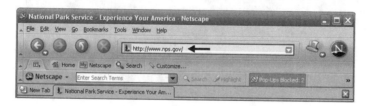

Ahora haga clic enfrente de "Address" y después escriba la dirección virtual de la página Web que desea visitar en la casilla de direcciones. En este ejemplo visitaremos el servidor del servicio de parques de los Estados Unidos con dirección virtual *http://www.nps.gov*. Cuando termine de escribir esta dirección oprima la tecla de confirmar o "Enter".

Si desea puede seguir este ejemplo con una dirección virtual de otro sitio que le interese más, ya que la idea es la misma.

Si después de oprimir "Enter" la dirección que escribió cambia a una dirección diferente a la que escribió, esto puede ser normal. Los servidores Web a veces hacen eso para dirigir el tráfico a una página que han diseñado mejor. Mientras la nueva dirección empiece con el nombre del sitio Web original, no hay problema. Si se equivoca y algo desagradable aparece en su pantalla, cierre el navegador haciendo clic en la "X" de la esquina superior derecha.

Ahora si desea guardar esta dirección virtual o "URL" para visitar este sitio Web en el futuro, haga clic sobre "Bookmarks" y después sobre "Bookmark This Page" para añadir esta página a su lista de marcadores. (Vea la gráfica de abajo.)

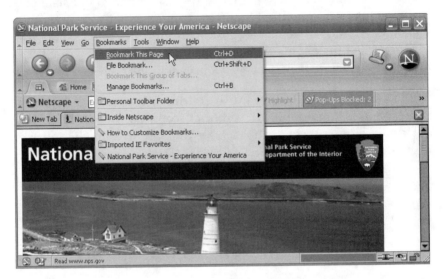

Ahora si en el futuro desea regresar a este servidor Web, lo puede hacer fácilmente sin necesidad de tener que recordar esta dirección virtual o "URL".

NOTA

Si tiene una versión anterior de Netscape, como por ejemplo la 4.7, puede encontrar que guardar marcadores se realiza de una manera parecida. Por ejemplo, para guardar la dirección virtual o "URL" de un sitio Web que desee visitar en otra oportunidad, haga clic sobre "Bookmarks", en la pestaña, que se encuentra a la izquierda de la barra de direcciones, para ver este menú de guardar páginas Web.

Si en un futuro desea regresar a este servidor Web lo puede hacer muy fácilmente, de esta manera:

1. Abra Netscape 7.2, si este navegador no está abierto ya, y haga clic sobre "Bookmarks".

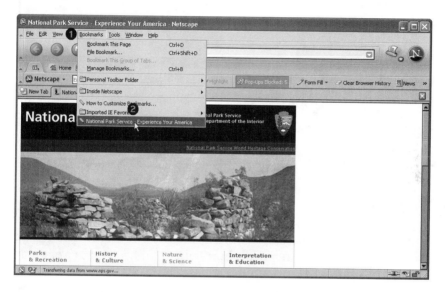

2. Ahora busque—en la lista que aparece en el menú desplegable—el nombre del servidor Web al cual desea regresar, y haga clic sobre él para abrirlo. En este ejemplo es "National Park Service".

Para borrar permanentemente una dirección Web que haya guardado previamente en este Navegador, abra la ventana de manejar marcadores o "Bookmarks" de Netscape 7.2 de la siguiente manera:

- Abra Netscape 7.2, si es que este navegador no está abierto ya.

- Después oprima la combinación de teclas CTRL + B para abrir el programa que maneja los marcadores en Netscape 7.2, "Bookmark Manager".

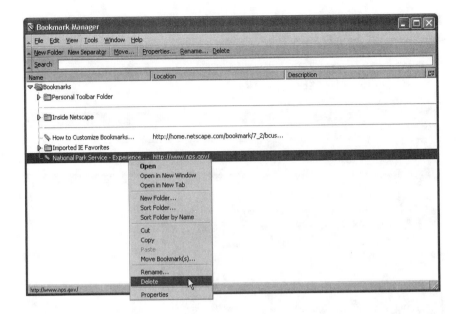

En la gráfica de arriba puede ver la ventana del administrador de marcadores. Desde aquí puede borrar los nombres de las páginas Web que no desee visitar de nuevo.

- Seleccione el nombre del servidor Web que desea borrar de esta lista, haciendo clic sobre él una vez. Finalmente, oprima la tecla de borrar o "Delete" en el teclado para borrarlo permanentemente.

Para recordar

- El Web es la plataforma de trabajo de más uso en el Internet.

- Los navegadores son las herramientas de trabajo más importantes para usar el Web.

- Usando un navegador, puede realizar un número indefinido de operaciones o diligencias que antes le exigían hacer un viaje fuera de su casa y muchas veces esperar en línea.

- Los dos navegadores de más uso hoy en día son Internet Explorer y Netscape.

- El área de trabajo de un navegador conectado al Internet es como una ventana al resto del mundo virtual.

- Si desea visitar un servidor Web de nuevo, añádalo a su lista de marcadores.

- Cuando pase el indicador en un navegador por encima de "Hypertext", el símbolo del indicador cambiará a una mano para indicar un enlace o "link".

- Si desea visitar un servidor Web puede escribir la dirección virtual o "URL" directamente en frente del espacio de "Address" con el navegador Internet Explorer o, si usa Netscape, en frente de "Location".

Cómo navegar el Web 4

Cómo navegar el web o "surf the Web"

No se sabe con seguridad quién fue el primero que utilizó el término "surf the Web". Pero lo importante es que se usa actualmente en diferentes idiomas, y en casi todos los países del mundo, para describir las distintas operaciones que efectuamos a través del Internet o para localizar diferentes clases de información utilizando este medio.

Recordemos que cuando Cristóbal Colón descubrió el nuevo mundo, su viaje le tomó más de dos meses. Pues bien, hoy en día es posible visitar todavía más países desde la comodidad de su casa sin tener que seguir la ruta de Colón y subirse en una carabela.

Las reglas básicas para la navegación en el Web son las siguientes:

- Disponer de una computadora personal o un sistema que le permita acceso al Internet.
- Usar un navegador.
- Contar con una conexión directa o indirecta al Internet.

En las próximas páginas aprenderá a navegar el Web usando los navegadores Internet Explorer 6.0 y Netscape 7.2.

Internet Explorer

Netscape 7.2

En la gráfica de arriba puede ver los iconos de Internet Explorer 6.0 y de Netscape 7.2. La manita que aparece cuando mueve el indicador del ratón sobre una página Web le avisa que éste es un enlace o "link", y que cuando haga clic sobre él, el navegador cambiará de página Web en el mismo sitio Web, o en otro externo (que puede inclusive estar en otro país); a esto se debe el dicho de que está "navegando el Web". Todo esto, por supuesto, sin necesidad de salir de su casa o usar el pequeño velero.

Cómo usar los enlaces o "links" para navegar el Web

En la siguiente gráfica aparece el área de trabajo de un navegador. Cada vez que pasa el indicador por encima de un enlace, una mano le indica que detrás de esa palabra o esa gráfica existe un enlace que puede perseguir para visitar otra página virtual u otro servidor Web totalmente nuevo.

Como puede ver en la gráfica de arriba, cuando lleva el indicador del ratón sobre un enlace (en el ejemplo de arriba la frase "Sucursales de la Biblioteca Pública de Los Angeles"), el indicador cambia a una manita. Esto le indica que éste es un enlace o "link". Para cargar la información que este enlace le ofrece en el área de trabajo de su navegador, sólo es necesario hacer clic sobre él. Después, el navegador cargará en el área de trabajo la página Web correspondiente a este enlace.

De manera invisible a los usuarios de navegadores, cada enlace tiene detrás del nombre que usted puede ver, en este caso "Sucursales de la Biblioteca Pública de Los Angeles", su navegador cargará la dirección virtual *http://www.lapl.org/branches/index.html* en el área de trabajo.

El ejemplo que sigue le ayudará a entender cómo utilizar enlaces para navegar en un sitio Web, y también como buscar información en él:

1. Primero abra su navegador, y después escriba la dirección virtual o "URL" *http://www.lapl.org/espanol/* en la casilla de direcciones para visitar el servidor Web de la biblioteca pública de la ciudad de Los Angeles, California.

2. Ahora lleve el ratón en frente de "Search For" y haga clic una vez en el espacio en blanco. Cuando vea el símbolo de indicador (|) destellando, escriba "Vivir para contarla" (el libro autobiográfico de Gabriel García Márquez).

3. Ahora haga clic sobre la flechita, indicada por la manita, para ordenarle a este sitio Web que busque en su catálogo si tiene este libro en su colección.

También es importante recordar que puede que de vez en cuando un enlace o "link" no funcione (o sea, cuando hace clic sobre el enlace, una página errónea se abre debido a que a veces las personas que administran sitios Web se olvidan de cambiar la referencia a enlaces).

Finalmente, este sitio Web le muestra los cuatro resultados que encontró con la descripción anterior, "Vivir para contarla", en varias de las bibliotecas del sistema de bibliotecas públicas de la ciudad de Los Angeles, California.

4. Por ejemplo, en el resultado número uno en la gráfica de arriba, haga clic sobre "View Details" (note como la flecha del indicador del ratón cambia a una mano cuando la lleva encima de "View Details") para ver los detalles de éste.

Ahora el navegador cargará otra página con información adicional acerca de la sucursal en donde puede encontrar este libro, y su disponibilidad.

Where to find it

Agency	Availability	Call Number	Status
Will & Ariel Durant Branch	CIRC	S 863 G2165Ga-1 2003	Checked out
Edendale Branch Library	CIRC	S 863 G2165Ga-1 2003	Checked out
El Sereno Branch	CIRC	S 863 G2165Ga-1 2003	Checked out
Felipe De Neve Branch	CIRC	S 863 G2165Ga-1 2003	Checked out
Granada Hills Branch	CIRC	S 863 G2165Ga-1 2003	Not Checked Out

En esta ventana busque debajo de "Where to find it" hasta que encuentre una sucursal donde tengan el libro ("Not Checked Out"). Si es necesario, lleve el indicador del ratón sobre la guía (indicada por la fecha) y sostenga el botón izquierdo del ratón mientras la jala hacia abajo para ver más resultados, u oprima la tecla de Page Down.

Cómo usar el ratón para navegar el Web

En un navegador es posible usar ambos botones del ratón: el izquierdo se utiliza más que todo para efectuar selecciones, y el de la derecha es útil para efectuar funciones como, por ejemplo, ver menús sobre los cuales puede hacer selecciones para navegar en páginas Web.

Siga estos ejemplos para aprender a adelantar una página y regresar a otra página que haya abierto anteriormente al navegar el Web:

Ⓐ Si tiene Internet Explorer 6.0, haga clic con el botón derecho sobre una parte libre de texto o gráficas hasta ver el menú Ⓐ de arriba; después oprima el botón izquierdo del ratón sobre la primera opción "Back" para regresar a la página anterior, o "Forward" para adelantarse una página.

Ⓑ Si tiene Netscape 7.2, haga clic con el botón derecho sobre una parte libre de texto o gráficas hasta ver el menú Ⓑ de arriba; después oprima el botón izquierdo del ratón sobre "Back" para regresar a la página anterior o "Forward" para adelantarse una página.

NOTA

Si los menús de "Back" o "Forward" no están disponibles, se debe a que acaba de entrar a este sitio Web y todavía no ha abierto suficientes páginas como para usar esta función. Recuerde que también puede adelantarse o regresar a la ultima página que abrió usando la barra de herramientas, haciendo clic sobre la flecha de regresar (←) o sobre la de adelantar (→).

Cómo navegar el Web usando las direcciones virtuales o "URLs"

La manera más común de visitar un sitio, o una página Web, es escribiendo directamente la dirección virtual o "URL" en la casilla de direcciones del propio navegador.

Las instrucciones que siguen funcionan de la misma manera en todos los programas diseñados para navegar el Web.

En la gráfica de abajo puede ver la casilla de direcciones virtuales del navegador Internet Explorer 6.0.

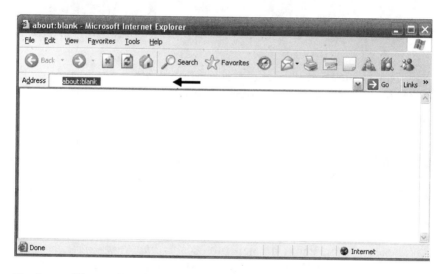

En la casilla, indicada por la flecha, escriba la dirección virtual o "URL" del sitio o la página Web que desea visitar. En este ejemplo, el navegador no tiene ninguna página cargada en el área de trabajo, y la dirección virtual sólo lee "about:blank".

El ejemplo que sigue le ayudará a aprender a escribir la dirección del sitio Web que desea visitar en la casilla de direcciones de un navegador.

Primero abra una conexión al Internet (si tiene Internet por cable esta conexión está abierta todo el tiempo). Una vez que tenga una conexión al Internet, abra su navegador.

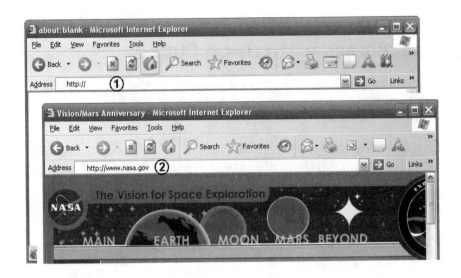

Siga esta gráfica para aprender a escribir direcciones virtuales de los sitios o páginas Web que desee visitar en su navegador:

1. En su navegador, haga clic dos veces sobre la casilla de direcciones hasta que no esté seleccionada, o sea, tenga una sombra azul. Ahora oprima la tecla de "Backspace" (retroceder) poco a poco para acortar esta dirección virtual hasta que sólo quede la primera parte de la dirección virtual, o sea: *http://*

2. Ahora escriba la dirección virtual del sitio o página Web que desea visitar. Para este ejemplo escriba *http://www.nasa.gov.* Si siguió el primer paso (reducir la dirección que estaba en su navegador cuando lo abrió) sólo es necesario escribir el resto de la dirección, o sea, *www.nasa.gov.* También funciona escribir solamente *www.nasa.gov,* ya que su navegador añade automáticamente el *http://* que va al principio de la dirección virtual.

3. Por último, oprima la tecla de "Enter" para confirmarle al navegador que cargue el sitio o la página Web.

Qué hacer si la dirección virtual o "URL" le indica un error

Una de las situaciones más frustrantes cuando usa el Internet es la de no poder abrir una página virtual porque cuando trata de visitarla el navegador le muestra un error.

Este ejemplo le enseñará qué hacer si, por ejemplo, alguien le da la dirección virtual de un servidor Web para buscar noticias y cuando trata de usarla recibe un mensaje de error, como el de la siguiente gráfica.

El "URL" para este ejemplo es: *http://www.latimes.com/HOME/ARCHIVES/power3.htm.*

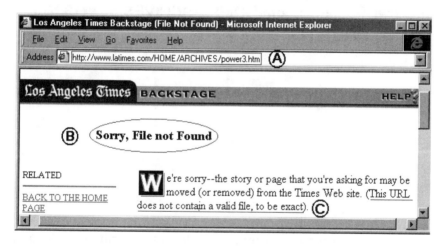

En el recuadro anterior puede ver lo siguiente:

Ⓐ Esta es la dirección virtual "URL" que está tratando de visitar.

Ⓑ Este es el mensaje que el servidor Web del periódico *Los Angeles Times* le devuelve cuando trata de visitar esta página virtual: "Sorry, File not Found", o sea, "Perdón, pero no puedo encontrar el archivo que busca".

Ⓒ En esta línea subrayada en rojo puede ver todavía un mensaje más definitivo: "This URL does not contain a valid file, to be exact", o sea, "Para ser más exactos, esta dirección virtual no contiene un archivo válido".

Si tiene problemas hallando una página en un sitio Web, trate de reducir segmento por segmento la dirección virtual; de esta manera tal vez pueda encontrar que el recurso fue cambiado de sitio en el mismo servidor Web.

En la siguiente gráfica puede ver claramente los diferentes segmentos de la dirección virtual de la página anterior. Por el error que devolvió el servidor Web del periódico *Los Angeles Times*, es fácil deducir que el último segmento de esta dirección virtual no corresponde a un archivo en ese servidor Web. Si desea insistir en esta dirección virtual, redúzcala segmento por segmento.

Los segmentos de una dirección virtual ("URL")

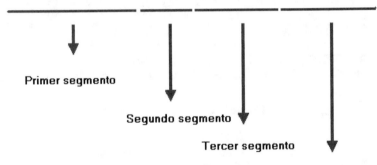

La gráfica anterior representa los diferentes segmentos de una dirección virtual o "URL".

Cuando siga este ejemplo es importante recordar que si el servidor Web ha cambiado de lugar o por algún motivo lo han clausurado temporal o permanentemente, el navegador le mostrará un error en la pantalla diciendo que no se pudo comunicar con el servidor Web.

Si desea seguir este ejemplo, visite el servidor Web del periódico *Los Angeles Times* en la dirección virtual: *http://www.latimes.com/HOME/ARCHIVES/power3.htm.*

Este ejemplo es excelente por el hecho de que este servidor Web le da más información acerca del porqué usted no puede encontrar la página virtual que está buscando.

Recuerde cuando siga este ejemplo que cada página virtual tiene una dirección única; es decir, que si escribe mal la dirección virtual o esta página ya no existe, el servidor Web que está tratando de visitar le mostrará un error como en la página anterior.

Cómo reducir una dirección virtual segmento por segmento

La manera de reducir una dirección virtual es removiendo el último segmento, o sea, la parte antes del divisor, que es el símbolo /. Si después de remover el último segmento todavía no aparece una dirección real, siga removiendo segmentos hasta que encuentre una página que funcione.

Siga estos pasos para remover uno o varios segmentos de una dirección virtual:

1. Primero haga clic sobre el final de la dirección virtual. Si la dirección queda selecciona, o sombreada, haga clic de nuevo, hasta que ya no esté sombreada y pueda ver el indicador (|) destellando.

2. Después oprima, poco a poco, la tecla de "Backspace" para remover el último segmento de la dirección que aparece en la casilla de direcciones (los segmentos están separados por el símbolo /). Este es el segmento *"espanol1.html"*.

3. Ahora puede ver la nueva dirección virtual *http://www.randomhouse.com/vintage/readers112*.

Ahora trate de cargar esta dirección virtual oprimiendo la tecla de confirmar o "Enter". Si esta dirección es válida, cargará la información que ofrece en el área de trabajo del navegador, y desde aquí puede continuar la búsqueda de la información que necesite. Si no es válida, siga quitando segmentos hasta que llegue a una dirección virtual que funcione o llegue a la página de entrada del sitio Web.

Tipos de recursos en el Web

Esta es una página de referencia para aquellas personas que tengan inquietudes por aprender a reconocer los diferentes tipos de recursos en el Internet.

Los tipos de recursos que pueden ser utilizados con un navegador son:

http://	HTTP "HyperText Transfer Protocol", o protocolo de transferencia de hipertexto
ftp://	Protocolo de transferencia de archivos (FTP)
file://	Archivo local del HTML
telnet://	Servidor Telnet
gopher://	Servidor Gopher
wais://	Servidor Wais
news:	Grupo de noticias Usenet

La gran mayoría de las direcciones virtuales comienzan con el indicativo del protocolo de trasferencia de hipertexto, o sea, *http://*. Por este motivo, si olvida escribir estas letras el navegador inmediatamente las añadirá a la dirección.

Por ejemplo, escriba en la casilla de direcciones de su navegador la siguiente dirección: *www.eldiariony.com/,* la dirección virtual del periódico *El Diario/La Prensa,* y después oprima la tecla de confirmar o "Enter".

Note cómo inmediatamente el navegador añade el *http://* que debe ir al principio de esta dirección.

Complementos de un navegador o "Plug-ins"

Un complemento o "Plug-in" es un programa que aumenta la funcionalidad de los navegadores, permitiéndoles la capacidad de funcionar con diferentes tipos de archivos.

Los complementos más comunes le permiten escuchar sonido y mirar vídeo. Uno de los complementos más usados es RealPlayer™. Este programa le permite escuchar el sonido anexo a algunas páginas virtuales.

Utilizando este tipo de programa y dependiendo de la configuración de su computadora, es posible escuchar las noticias en algunas emisoras de radio latinoamericanas y de Estados Unidos.

En este ejemplo usaremos RealPlayer, que le permite escuchar emisoras que transmiten la señal de radio a través del Internet.

Para usar RealPlayer es necesario establecer una conexión al Internet y abrir este programa complementario.

Este programa se puede conseguir gratuitamente visitando el servidor Web de la compañía Real, en la dirección virtual: *http://www.real.com.*

Dependiendo del sitio Web que esté visitando, si usa Internet Explorer 6.0 o Netscape 7.2 para escuchar estaciones de radio en el Internet, puede que no sea necesario abrir ningún programa complementario (fuera de su navegador).

Instalar un complemento de navegador puede ser una experiencia muy grata o puede ser muy frustrante. Si desea tener la capacidad de escuchar emisoras de su pais, averigüe primero si allí existen emisoras que trasmitan a través del Internet. Después trate de buscar a alguien que le pueda ayudar a resolver los problemas que encuentre mientras instala el complemento a su navegador.

Cómo escuchar una emisora de radio en el Internet

En este ejemplo aprenderá a escuchar las trasmisiones de radio que hace la compañía Sanborns Radio a través del Internet. Hoy en día miles de emisoras de todas partes del mundo trasmiten su señal por el Internet. De esta manera le es posible escuchar muchas transmisiones de radio sin necesidad de conseguir un radio de onda corta.

Para empezar, escriba la dirección virtual del sitio Web de Sanborns Radio en la casilla de direcciones de su navegador: *http://www.san-bornsradio.com/* y oprima la tecla de confirmar o "Enter".

En la página de entrada a este sitio Web tiene muchas opciones, como comprar música o escuchar varios tipos de música: "Español", "Regional" o "Pop Inglés". Para seguir este ejemplo haga clic sobre "Pop Inglés".

Ahora la ventana de RealPlayer se abrirá, si está instalado en su computadora. Si no tiene este programa, lo puede bajar libre de cargo en la dirección virtual: *http://www.real.com/*. En la gráfica de abajo puede ver la ventana de RealPlayer.

Para poder escuchar transmisiones de radio por Internet, fuera de un navegador, es necesario tener una tarjeta de sonido adecuada con unos parlantes o audífonos conectados.

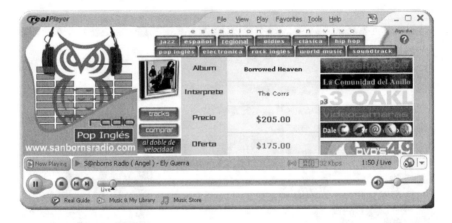

Si desea escuchar otro tipo de música, haga clic sobre las pestañas de la parte de arriba de este programa (éstas son visibles unos minutos después de que el programa abre). Por ejemplo, si desea escuchar música en español, haga clic sobre "Música en Español".

Para este ejemplo use el navegador Internet Explorer 6.0, pero si usa Netscape 7.2 también le será posible escuchar programas de radio por Internet.

Para recordar

- El Web es la plataforma de trabajo de mayor uso en el Internet.

- Los navegadores son los recursos de trabajo más importantes para usar el Web.

- Usando un navegador se puede realizar un número ilimitado de operaciones o diligencias, que antes le exigían salir de su casa y, muchas veces, esperar en línea.

- Los dos navegadores de mayor uso hoy en día son Internet Explorer y Netscape.

- El área de trabajo de un navegador conectado al Internet es como una ventana al resto del mundo virtual.

- Usar marcadores en un navegador es un medio fácil de regresar a los sitios que visita con más frecuencia.

- Los marcos en un navegador le permiten trabajar con múltiples páginas en un mismo servidor.

- Un enlace se distingue de un navegador mediante el indicador. Cuando pasa el indicador encima del texto, el símbolo del indicador cambia de flecha a una mano, o viceversa.

- Si desea visitar un servidor Web puede escribir su dirección virtual enfrente de "Address" o "Location" en la casilla de direcciones.

- Navegar el Web es el proceso de seguir enlaces hasta encontrar la información que se busca.

- Si la dirección virtual del sevidor que está tratando de usar no funciona, redúzcala segmento por segmento.

- Uno de los complementos más populares de un navegador es el RealPlayer.

El Internet como biblioteca virtual 5

El Internet como biblioteca virtual

El Internet es una red de computadoras, localizadas en casi todos los países del mundo. Algunas de ellas trabajan, a veces sin la atención constante de un ser humano, en lugares tan remotos como el Polo Norte.

Estos equipos contienen millones de páginas de información acerca de todas las áreas del conocimiento y todos los temas sobre los cuales se ha hablado, escrito e investigado en el curso de la historia de este planeta. Si quiere imaginarse cuánta información está contenida en el Internet, piense en su biblioteca local multiplicada 500 millones de veces.

En la biblioteca local de su ciudad, como la representada en esta gráfica, le es posible buscar información cinco o seis días a la semana durante las horas del día. Ahora el Internet funciona como una biblioteca virtual, en la cual es posible buscar información 24 horas al día, todos los días del año.

Cuando usa el Internet, tiene al alcance de sus manos acceso a la información que ofrecen miles de bibliotecas a través del mundo. Y en la mayoría de los casos, todo lo que necesita para obtener esta información es una conexión al Internet y un navegador.

Cómo buscar información en el Internet

Piense usted en la dificultad de buscar, por ejemplo, tres o cuatro fuentes de financiación para su nuevo negocio de partes para automóviles y el tiempo que le tomaría ir de banco en banco, visitar varias veces la Cámara de Comercio local o visitar la biblioteca para encontrar la corporación adecuada. Por medio del Internet, en cambio, podrá encontrar no solamente tres o cuatro, sino una gran variedad de bancos y corporaciones financieras y escoger la que más se ajuste a la categoría de su negocio y sus condiciones particulares.

En el Internet se puede encontrar información de varias maneras. El siguiente es un ejemplo:

■ Visitando un sitio Web del cual sepa por un amigo, un catálogo, un mensaje de correo electrónico, una revista u otro medio.

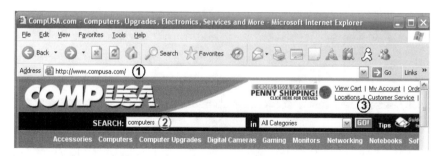

Por ejemplo, siga estos pasos para visitar la tienda virtual de computadoras de CompUSA en la dirección virtual: *http://www.compusa.com.*

1. Primero escriba la dirección del sitio Web que desea visitar, en este caso *http://www.compusa.com,* en la casilla de direcciones virtuales.

2. Haga clic en "Search", y después escriba la palabra "Computers" para buscar información acerca de computadoras en este almacén de computadoras.

3. Finalmente, haga clic sobre "GO" para obtener la información que busca.

El sitio Web en el cual desea buscar información puede ser diferente a éste, pero la idea de buscar y obtener información de cualquier tipo es la misma.

Ahora puede ver que otra página Web se abre en el sitio Web de CompUSA en la cual puede hacer más selecciones para encontrar el tipo de equipo que desea buscar.

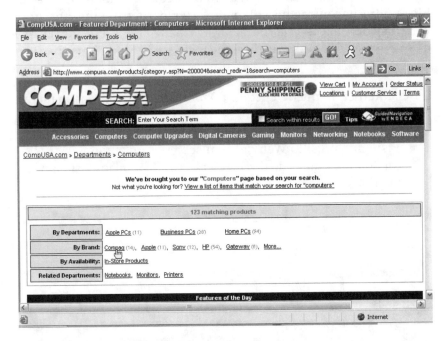

Por ejemplo, haga clic sobre "Compaq" para ver toda la línea de computadoras de esta marca en la tienda virtual de CompUSA.

Recuerde que en otros sitios Web la manera de buscar información puede ser diferente, pero la mecánica es siempre la misma. Cuando encuentre algo que le interesa haga clic sobre el nombre de éste o de la gráfica que lo representa, y así sucesivamente.

- Otra manera de encontrar información en el Internet es usando un sitio Web llamado motor de búsqueda o "Search Engine", como el sitio Web de Google. La función de este sitio Web es la de catalogar la información que existe en el Internet y ayudarle a encontrarla.

Por ejemplo, use un motor de búsqueda si usted o su hijo tiene una tarea de la escuela en la que necesita hablar de la historia de México y no sabe exactamente en qué sitio Web encontrar esta información.

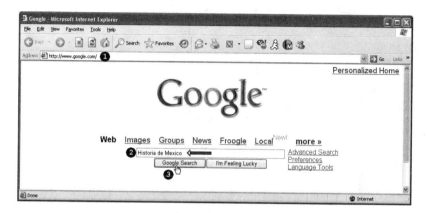

Siga estos pasos para buscar información acerca de la historia de México usando el motor de búsqueda Google:

1. Primero escriba la dirección virtual de este motor de búsqueda, *http://www.Google.com/,* en la casilla de direcciones virtuales.

2. Ahora haga clic en la casilla indicada por la flecha y escriba la palabra o frase que describa la información que desea buscar.

3. Finalmente, haga clic sobre "Google Search" para pedirle a Google que comience a buscar esta información.

En este ejemplo usamos "Historia de México", pero puede usar otra combinación de palabras, como por ejemplo "Revolución Mexicana".

En la siguiente gráfica puede ver como este motor de búsqueda, basado en las palabras que le suministró, le presenta una lista de sitios Web en los cuales encontró información similar a la que está buscando.

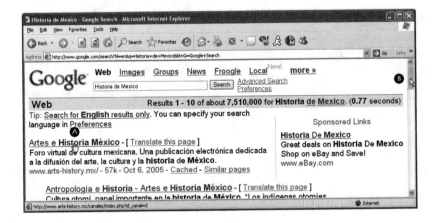

Para usar la información que, después de su pedido, le presenta el motor de búsqueda, siga estos pasos:

A En la mano izquierda encontrará la lista de los sitios Web (además de algunas palabras claves) en los cuales este motor de búsqueda encontró información similar a la que busca. Haga clic sobre el nombre más prominente, en este caso "Artes e Historia México", si desea entrar a uno de estos sitios Web.

B Haga clic sobre esta guía mientras mantiene el botón izquierdo del ratón oprimido para adelantarse una página o regresar a la página anterior.

Si la información que el motor de búsqueda encontró no parece legítima (es decir, no parece tener que ver con lo que pidió), tal vez sea necesario que cambie un poco las palabras que describen lo que busca o el orden de éstas.

En la mayoría de los casos, cuando está buscando información en el Internet usando un motor de búsqueda, éste le presentará la información de la lista de los resultados a su pedido de búsqueda, página por página.

De esta manera, si la información que busca no está en la primera página, la cual puede ver en el área de trabajo de su navegador, adelántese hasta el final de la página (oprimiendo la tecla de "Page Down") para ver la opción de visitar otra página diferente. Sólo tiene que hacer clic sobre el número de la página; por ejemplo, haga clic sobre el número 2 para ver la página número 2, cuyos resultados puede abrir en el área de trabajo de su navegador.

Google es sólo uno de muchos motores de búsqueda disponibles para encontrar información. Más adelante en este libro, verá más ejemplos de cómo buscar información con los siguientes motores de búsqueda: AltaVista.com, Lycos.com y Yahoo! en Español. La idea es que si la información que busca no está en uno de estos motores de búsqueda, entonces búsquela en otro usando los enlaces o "links" en la página que está visitando. Por ejemplo, si está visitando el servidor virtual del Servicio de Ciudadanía e Inmigración de los Estados Unidos y ve un enlace que le interesa, puede saltar a éste haciendo clic en el enlace.

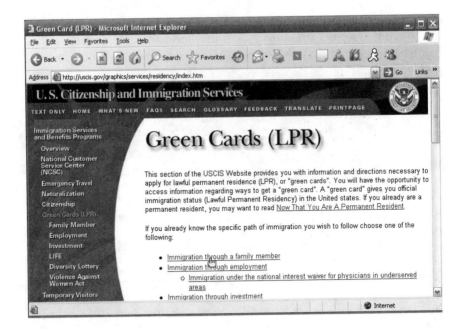

En la gráfica de arriba puede ver cómo al pasar el indicador sobre el símbolo correspondiente a "Immigration through a family member" o "Emigración a través de un familiar", éste se convierte en una mano pequeña; si oprime el botón izquierdo una vez sobre este enlace, la pantalla cambiará de página y cargará una página nueva en el área de trabajo del navegador.

En las páginas al final de este libro podrá encontrar una lista de direcciones Web que le pueden ser útiles. Como, por ejemplo, la de periódicos en línea de América del Sur y de México.

Más acerca de los territorios virtuales y cómo encontrar información acerca de compañías que tienen territorios virtuales registrados

En el capítulo primero pudo ver un poco acerca de los territorios virtuales o "Domain Names" y cómo estos son únicos; es decir, sólo puede haber un territorio virtual con el nombre *Latina.com*.

Cuando esté buscando información en el Internet, recuerde que hoy en día las compañías más grandes del mundo han comprado los derechos de territorios virtuales de los nombres que las identifican, es decir, el nombre que precede a la palabra ".com". Si, por ejemplo, necesita información acerca de la historia de la compañía IBM, la puede buscar escribiendo el nombre completo o la abreviatura de la compañía enfrente de "Address"; en este caso escribir *http://www.ibm.com*.

En esta gráfica puede ver el servidor Web de la compañía IBM; si desea visitar el servidor Web de otra compañía, sólo reemplace la parte de "IBM" con el de la compañía que desea visitar y después oprima la tecla "Enter".

Cómo encontrar información en el Internet acerca de diferentes productos

Hoy en día muchas compañías están comprando el derecho a territorios virtuales para promover sus productos. Por este motivo, es casi seguro que si escribe la dirección del modelo del carro que desea comprar o de la película que desea ver, puede encontrar información acerca de este producto en el Internet usando sólo el nombre del producto.

Por ejemplo, si desea encontrar información sobre Kool-Aid y piensa que éste puede tener un servidor Web, escribirá: *http://www .Kool-Aid.com*.

Inmediatamente, el sitio Web de la compañía Kraft Foods, propietaria de Kool-Aid, se abrirá. De esta forma será posible encontrar la información que desea.

En esta gráfica puede ver la página de entrada al sitio Web de la compañía Kraft Foods que, como puede ver, abrió en su navegador después de escribir su dirección Web o "URL" y confirmar con "Enter".

Los motores de búsqueda o "search engines"

A primera vista, encontrar información en el Internet por ser un conglomerado tan grande de computadoras y de recursos que se extiende a través de todos los países del mundo puede parecer una tarea poco menos que imposible de lograr.

Sin embargo, el hecho mismo de que toda esta información esté guardada en computadoras, a través de redes comunicadas entre sí, ayuda mucho a encontrar la información.

Estas entidades, en realidad, no son más que compañías dedicadas a buscar información y catalogarla. De esta manera, el público en general no necesita saber exactamente todas las direcciones virtuales para encontrar la información que desea; lo único que necesita saber son las palabras que distingan esta información de otra.

Es decir, que si desea buscar información acerca de Julio César Chávez no debe escribir solamente Julio César; escriba "Julio César Chávez, boxer" (boxeador). De esta manera Lycos, o cualquiera de los otros motores de búsqueda de información, no se confundirá, ni le presentará una cantidad de posibles direcciones virtuales que en realidad no tienen nada que ver con el pugilista mexicano.

Por favor monitorée a sus niños cuando estos están usando un motor de búsqueda, ya que a veces haciendo pedidos que son inocuos —como por ejemplo buscando información acerca de la cantante Linda Rondstadt— algunos de los resultados que estos motores de búsqueda le ofrecerán pueden contener contenido inapropiado para ellos, como ofrecerle fotos de esta artista que en realidad no tienen nada que ver con ella, sino con sitios pornográficos que añaden el nombre de gente conocida a sus sitios Web para atraer su atención.

Motores de búsqueda populares

Al principio de este capítulo aprendió a buscar información usando el motor de búsqueda Google. En las páginas siguientes aprenderá a buscar información con otros tres motores de búsqueda.

En los ejemplos que siguen aprenderá a buscar información con tres de los motores de búsqueda más populares que existen en el día de hoy:

- AltaVista
- Lycos
- Yahoo! en Español

Todos los motores de búsqueda conocidos para buscar información son igualmente eficientes, pero es importante familiarizarse con varios, debido a que a veces uno le puede brindar información más detallada que el otro, en su caso particular.

Esto se debe al proceso que siguen los motores de búsqueda para catalogar y archivar la información que existe en diferentes páginas virtuales a través del Web. Este proceso funciona de la siguiente manera: en algunos casos el administrador de un servidor Web registra su página para que sea examinada y luego catalogada por un motor de búsqueda (como Lycos).

Por este motivo, si tiene problemas para encontrar la información en uno de estos motores de búsqueda, trate otro y así sucesivamente. Este procedimiento casi siempre funciona.

Ninguno de estos motores de búsqueda le cobra a usted dinero por ayudarle a encontrar la información que desea hallar. Esto puede cambiar en un futuro, pero por el momento toda esta información es gratuita. Si alguna vez encuentra un servidor Web que le quiere cobrar por la información, trate de buscarla a través de otro.

Cómo escribir su pedido de información

Estos son algunos consejos para escribir su pedido de información en un motor de búsqueda:

- Por ejemplo, si está planeando pasar un verano en Puerto Vallarta, no se contente solamente con la información general acerca de Puerto Vallarta; amplíe su búsqueda a aspectos más concretos, como hoteles o atracciones especiales para que de esta manera los resultados sean más cercanos a lo que desea.

- Aunque no es necesario escribir en mayúsculas o minúsculas, trate de escribir en forma semejante a como lo haría en un procesador de palabras.

- Use el nombre de lugares geográficos para mejorar la calidad de la información que recibe; por ejemplo, si busca información acerca de Mario Moreno (Cantinflas) y no especifica México, puede recibir información acerca de artículos que han salido en el Japón (y en japonés) acerca de este inolvidable comediante y actor mexicano.

Por favor tenga en cuenta que en la mayoría de los casos, la información que un motor de búsqueda le presente, basado en las palabras o frases que usted le dio, estará relacionada con lo que busca. Pero en algunos casos la información tiene muy poco que ver con lo que está buscando.

NOTA Use las instrucciones que están en el capítulo sexto si desea guardar la información que encontró usando uno de estos motores de búsqueda. Estas le ayudarán a copiar la información a un procesador de palabras o a guardar archivos en su disco duro.

AltaVista

Este motor de búsqueda pertenece a la compañía Digital y es uno de los más populares en su categoría.

Este sitio Web cataloga y guarda información en sus computadoras acerca del contenido de páginas Web y después permite que cualquier usuario con acceso al Internet use el servicio para aprovechar la información que catalogó.

La dirección virtual de AltaVista es: *http://www.altavista.com/*.

En el siguiente recuadro puede ver la página de entrada al servidor Web de AltaVista.

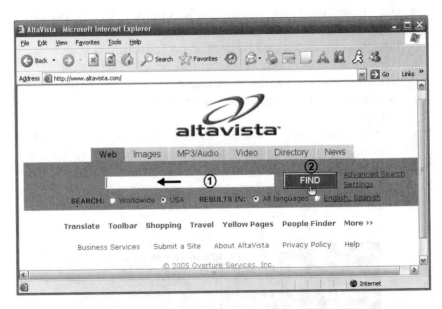

Las instrucciones que siguen le ayudarán a buscar y encontrar información en el Internet usando el motor de búsqueda de Altavista:

1. Haga clic en esta casilla y escriba la palabra o palabras que describa la información que desea hallar.

2. Haga clic sobre "Find" para pedirle a este motor de búsqueda que trate de hallar la información que busca.

Cómo buscar información usando AltaVista

Ahora puede practicar usando las instrucciones de la página anterior para buscar y encontrar información en el Internet usando AltaVista.

Primero establezca una conexión al Internet y después abra su navegador.

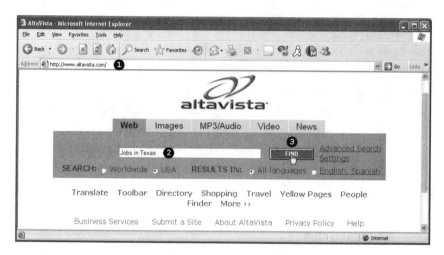

Por ejemplo, siga estos pasos, guiándose por la gráfica de arriba, para buscar información acerca de trabajos en Texas ("Jobs in Texas") o cualquier otra información, usando el motor de búsqueda de "AltaVista":

1. Para comenzar, escriba la dirección Web de AltaVista en la casilla de direcciones: *http://www.altavista.com,* y después oprima la tecla de confirmar o "Enter".

2. En esta casilla escriba la palabra o palabras que mejor describan lo que desea buscar. En este caso escriba "Jobs in Texas" para buscar información acerca de trabajos en el estado de Texas.

3. Después haga clic sobre "Find" (buscar) para pedirle a este motor de búsqueda que trate de hallar la información que busca.

Por favor tenga en cuenta que, en algunos casos, la información que un motor de búsqueda le presenta tendrá muy poco que ver con lo que estaba buscando.

En la próxima gráfica puede ver cómo este motor de búsqueda, basado en las palabras que le suministró, le presenta una lista de sitios Web en los cuales encontró información similar a la que estuvo buscando.

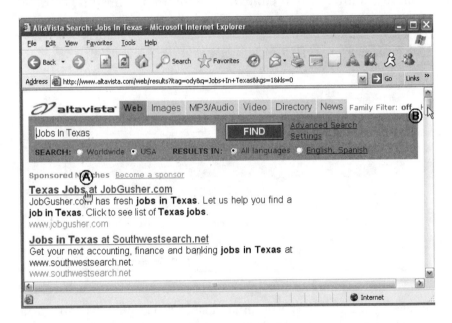

Esta es la manera de usar la información que, después de su pedido, le presenta el motor de búsqueda AltaVista:

A En esta página puede ver que el navegador le presenta una lista de respuestas a su pedido de información. Por ejemplo, haga clic sobre "Texas Jobs . . ." para ver qué información este sitio Web le ofrece sobre trabajos en Texas.

B En algunos casos puede ser necesario hacer clic sobre esta guía, mientras mantiene el botón izquierdo del ratón oprimido, para adelantarse a una página de los resultados que este motor de búsqueda encontró o para regresar a la página anterior.

Finalmente, usted puede ver en la siguiente gráfica la entrada a un sitio Web (*JobGusher.com*) con información acerca de trabajos en Texas.

En la mayoría de los casos este tipo de sitio Web no le cobra por buscar trabajos, ya que se mantienen con el dinero que le cobran a las compañías que están buscando personal, y lo único que necesita hacer para usar la mayoría de estos sitios Web es registrarse para conseguir un nombre de usuario o "User Name".

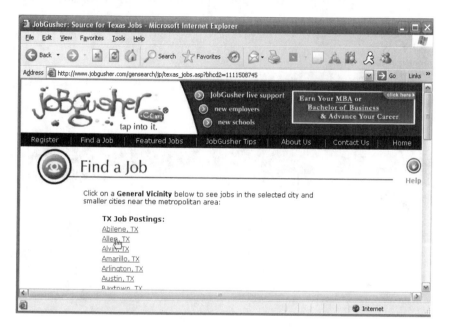

De la lista que aparece puede elegir la ciudad en Texas donde vive. Después verá más opciones para buscar el tipo de trabajo que desea. Finalmente, cuando encuentre un trabajo que le interese, será necesario registrarse con este sitio Web, de manera gratuita.

Lycos

Lycos es otro motor de búsqueda que puede usar para encontrar información en el Internet. Por lo general las compañías se ponen en contacto con Lycos para que éste haga una evaluación del contenido de sus páginas Web. Una vez que Lycos recibe el pedido de la compañía que desea figurar en su catálogo, éste visita el servidor de la compañía y trata de recoger la mayor cantidad de información posible sobre ella para catalogarla y almacenarla en sus archivos.

En la gráfica de abajo puede ver la página de entrada al sitio Web de Lycos.

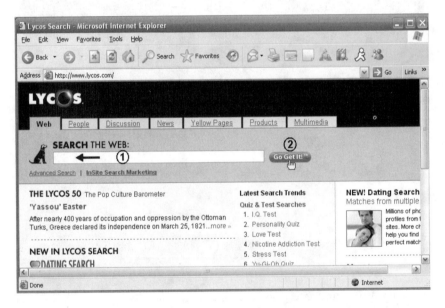

Siga estos pasos para buscar información usando este motor de búsqueda con la dirección Web o "URL" *http://www.lycos.com:*

1. En esta casilla escriba la palabra o palabras que describen la información que desea hallar.

2. Haga clic sobre "Go Get It!" para pedirle a este motor de búsqueda que trate de hallar la información que busca.

Cómo buscar información usando Lycos

En las siguientes gráficas puede ver los pasos para buscar y encontrar información en el Internet usando Lycos.

Primero establezca una conexión al Internet, y después abra su navegador.

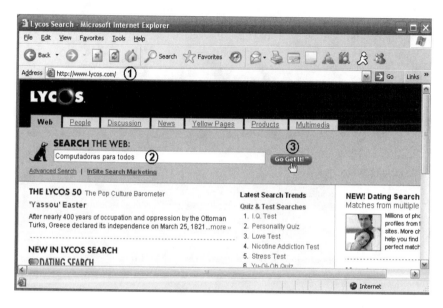

Siga estos pasos, guiándose por la gráfica de arriba, para buscar información acerca de mi libro, *Computadoras para todos,* o cualquier otra información, usando el motor de búsqueda Lycos:

1. Para comenzar, escriba la dirección electrónica de Lycos en la casilla de direcciones, *http://www.Lycos.com,* y después oprima la tecla de confirmar o "Enter".

2. En esta casilla escriba la palabra o palabras que mejor describen lo que desea buscar, en este caso "Computadoras para todos", para buscar información acerca de mi cuarto libro, sobre cómo usar computadoras personales.

3. Después haga clic sobre "Go Get It!" (Vaya y Búsquelo!) para pedirle a este motor de búsqueda que trate de hallar la información que busca.

Por favor tenga en cuenta que en algunos casos la información que un motor de búsqueda le presenta tendrá muy poco que ver con lo que estaba buscando.

En la próxima gráfica puede ver cómo este motor de búsqueda, basado en las palabras que le suministró, le presenta una lista de sitios Web en los cuales encontró información similar a la que estuvo buscando.

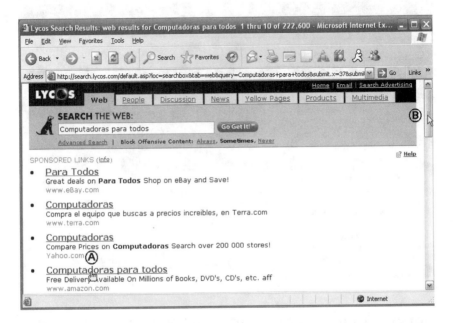

Esta es la manera de usar la información que, después de su pedido, le presenta el motor de búsqueda Lycos:

Ⓐ En esta gráfica puede ver que Lycos le presenta una lista de respuestas a su pedido de información; por ejemplo, haga clic sobre "Computadoras para todos" para ver el precio que el sitio Web *Amazon.com* cobra por este libro.

Ⓑ En algunos casos puede ser necesario hacer clic sobre esta guía, mientras mantiene el botón izquierdo del ratón oprimido, para adelantarse a una página de los resultados que este motor de búsqueda encontró o para regresar a la página anterior.

Finalmente, usted puede ver en la siguiente gráfica la entrada a un sitio Web de compras llamado *Amazon.com,* en la que puede ver cuánto cobran por mi libro, y comprarlo.

Esta es una tienda virtual (una de las más grandes del mundo), y en ella puede comprar casi todo tipo de artículo, incluyendo libros, electrónicos y CD's de música latina.

La ventaja de una tienda virtual como *Amazon.com* es que nunca cierra. Por ejemplo, si desea ordenar mi libro en esta tienda, sólo añádalo a la canasta de compras haciendo clic sobre "Add to Cart". Después otra ventana se abrirá en la cual este sitio Web tratará de recordar si usted ya ha comprado algo de ellos, y si este no es el caso le pedirá que se registre.

Yahoo! en Español

Este es un motor de búsqueda dedicado a las más de 400 millones de personas que hablan el idioma español y fue inaugurado el 4 de junio de 1998. Este motor de búsqueda está dividido en 14 categorías, con temas de interés para toda la comunidad hispana, incluyendo un servicio de noticias en español.

La dirección Web o "URL" de Yahoo! en Español es: *http://espanol .yahoo.com/.*

En el siguiente recuadro puede ver la página de entrada al sitio Web de Yahoo! en Español.

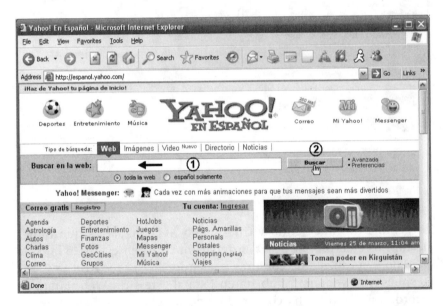

Siga estos pasos para buscar información con este motor de búsqueda, usando la dirección Web o "URL" *http://espanol.yahoo .com/:*

1. En esta casilla escriba la palabra o palabras que describen la información que desea hallar.

2. Haga clic sobre "Buscar" para pedirle a este motor de búsqueda que trate de hallar la información que busca.

Cómo buscar información usando Yahoo! en Español

En las siguientes gráficas puede ver los pasos para buscar y encontrar información en el Internet usando Yahoo! en Español.

Primero establezca una conexión al Internet, y después abra su navegador.

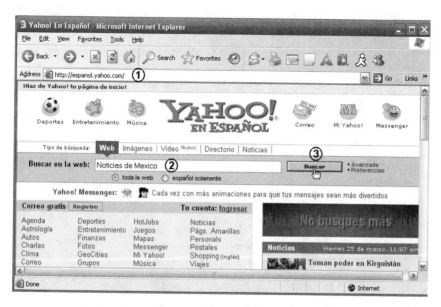

Siga estos pasos, guiándose por la gráfica de arriba, para buscar información acerca de mi libro, *Computadoras para todos,* o cualquier otra información, usando el motor de búsqueda de Yahoo! en Español:

1. Para comenzar, escriba la dirección electrónica de Yahoo! en Español en la casilla de direcciones: *http://espanol.yahoo.com,* y después oprima la tecla de confirmar o "Enter".

2. En esta casilla escriba la palabra o palabras que mejor describan lo que desea buscar, en este caso "Noticias de México", para buscar información acerca de periódicos o revistas en línea en la República Mexicana.

3. Después haga clic sobre "Buscar" para pedirle a este motor de búsqueda que trate de hallar la información que busca.

Por favor tenga en cuenta que en algunos casos la información que un motor de búsqueda le presenta tendrá muy poco que ver con lo que estaba buscando.

En la próxima gráfica puede ver cómo este motor de búsqueda, basado en las palabras que le suministró, le presenta una lista de sitios Web en los cuales encontró información similar a la que estuvo buscando.

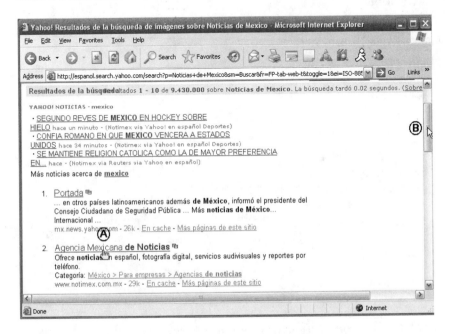

Esta es la manera de usar la información que le presenta el motor de búsqueda Yahoo! en Español después de su pedido:

A En esta gráfica puede ver que el navegador le presenta una lista de respuestas a su pedido de información; por ejemplo haga clic sobre "Agencia Mexicana de Noticias" para entrar al sitio Web de la agencia Mexicana *Notimex.com.mx.*

B En algunos casos puede ser necesario hacer clic sobre esta guía, mientras mantiene el botón izquierdo del ratón oprimido, para adelantarse a una página de los resultados que este motor de búsqueda encontró o, para regresar a la página anterior.

Finalmente, usted puede ver en la siguiente gráfica la página de entrada al sitio Web de la Agencia Mexicana de Noticias, con la dirección Web: *Notimex.com.mx.*

En este sitio Web puede encontrar noticias, no sólo de lo que sucede en México, sino también de lo que acontece en todos los países de América Latina.

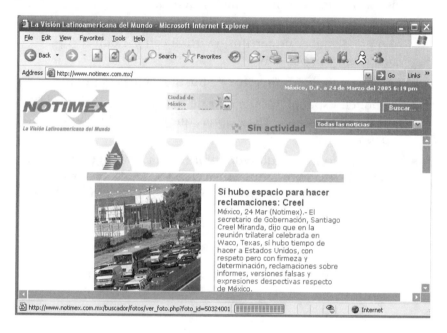

La ventaja de un sitio de noticias en línea, como la Agencia Mexicana de Noticias, es que nunca cierra. Por ejemplo, en éste podrá leer noticias las 24 horas del día y todos los días del año.

Para leer las noticias en este diario en línea sólo necesita buscar los enlaces (el indicador del ratón cambiará a una mano) y hacer clic sobre ellos.

Para recordar

- El Internet es una red de millones de servidores, distribuída en casi todos los países del mundo.

- Las dos maneras más comunes de encontrar información en el Internet son: usando la dirección virtual del sitio que desea visitar o usando un motor de búsqueda.

- En el Internet cada territorio virtual es único; es decir, que sólo puede haber un territorio virtual con el nombre *Latina.com*, por ejemplo.

- Lycos es uno de los motores de búsqueda más populares.

- Yahoo! en Español es un motor de búsqueda dedicado a los más de 400 millones de personas que hablan el idioma español.

- Si desea hacer un pedido de información usando un motor de búsqueda, sea lo más específico que pueda; de esta manera, las respuestas que recibirá serán más cercanas a lo que busca.

Cómo sacarle provecho al Internet

6

Usos prácticos del Internet

Una de las ventajas más importantes de usar el Internet es la posibilidad de sacar la información que encontramos y usarla de una manera útil, ya sea copiándola al disco duro, a un procesador de palabras o imprimiéndola.

Imagínese, por ejemplo, que llega a una biblioteca y encuentra la información que buscaba acerca de la Declaración de Independencia de los Estados Unidos; antes del Internet, o si usted no tiene acceso a él, le sería necesario consultar diferentes libros y tomar notas. Con el Internet, por el contrario, todas estas operaciones se pueden realizar utilizando solamente el indicador, con la ventaja adicional de poder archivar en su disco duro toda la información que encontró para utilizarla luego, cuantas veces sea necesario.

En este capítulo aprenderá a bajar información a su computadora usando cualquiera de los dos navegadores más populares: Internet Explorer y Netscape.

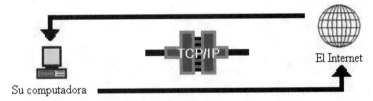

Su computadora   TCP/IP   El Internet

Para seguir estos ejemplos, primero abra una conexión al Internet. Si tiene un servicio al Internet por línea de teléfono o "Dial-up", o si tiene Internet por cable o DSL, ésta debe estar activada todo el tiempo mientras la computadora esté prendida.

Internet
Explorer

Netscape 7.2

Después abra su navegador de preferencia. Ahora le será posible comenzar a navegar, sin salir de su casa, en este océano de información.

Cómo bajar archivos del Internet al disco duro o "hard drive"

En algunos de los capítulos anteriores comparé el Internet con una red local, sólo que más grande. Esta comparación es válida la mayor parte de las veces porque el Internet también es una red y también sigue el mismo modelo de cliente-servidor.

Sin embargo, el proceso de copiar archivos del Internet a su computadora es un poco diferente al de intercambiar información entre varias computadoras si éstas están conectadas a una red local porque, en el último caso, los equipos están más próximos el uno del otro, lo cual permite copiar muchos archivos al mismo tiempo, con mayor rapidez. En cambio, en el Internet la velocidad disminuye y es difícil bajar más de un archivo al mismo tiempo. La tecnología del Internet, sin embargo, ha avanzando de tal forma que esta situación puede cambiar mañana mismo.

En las páginas siguientes verá los pasos que debe seguir para bajar a su disco duro programas que estén en diferentes servidores Web alrededor del mundo.

Los dos tipos de programas más comunes para copiar a su disco duro son los de *shareware* (programas de evaluación o prueba) y *freeware* (programas gratuitos).

Otro tipo de programa muy común hoy en día es el de prueba o "trialware". Éste le da la oportunidad de que usted lo evalúe por 30 o más días. Las compañías hacen esto para que la gente observe qué bueno es el programa, y si le gusta lo puede comprar después. Este tipo de programa es diferente a los programas de evaluación de "shareware", que por lo general no dejan de trabajar después de cierto tiempo.

La diferencia entre los programas *shareware* y los *freeware*

El Internet sirve no sólo para buscar información e intercambiar ideas, sino también para buscar y encontrar programas que le ayuden a adquirir un mejor dominio sobre el uso de su computadora personal.

Una de las conveniencias más interesantes de usar una computadora personal y tener una conexión al Internet es la de poder buscar y copiar a su computadora personal programas de toda clase.

Los dos tipos de programas más populares en este grupo son:

- programas de evaluación (*shareware*)
- programas gratuitos (*freeware*)

Los programas de evaluación se obtienen por lo general a través de compañías que todavía no son muy conocidas; aunque a veces compañías de *software* importantes, como Microsoft, también ofrecen la oportunidad de probar gratis algunos de sus programas por tiempo limitado.

Muchas compañías ofrecen programas por los cuales no hay que pagar dinero alguno, llamados *freeware*. Algunos de estos programas se ofrecen por lo general en servidores Web de revistas de computadoras.

Los ejemplos de las páginas siguientes ilustran en una forma muy sencilla cómo usar programas que encuentre en servidores Web a través del Internet sin importar el navegador o el servicio en línea que use, a menos que tenga un navegador obtenido antes de 1996 (en este caso puede que estos ejemplos no funcionen bien con su navegador).

NOTA

Algunas compañías le permiten usar sus programas de evaluación por tiempo limitado, aunque en algunos casos es posible seguir usándolos después de la fecha de expiración. Pero en general los programas de evaluación dejan de funcionar después de un tiempo especificado.

Cómo bajar programas de evaluación o "shareware" al disco duro

Las páginas que siguen ilustran cómo funciona el proceso de conseguir un programa de evaluación usando su conexión al Internet. Para este ejemplo, bajaremos a su disco duro el programa de evaluación "WS_FTP Professional", de la compañía "IPSWITCH".

Este es un programa que le ayuda a usar el protocolo de transferir archivos (FTP) para bajar archivos de un sitio Web al disco duro.

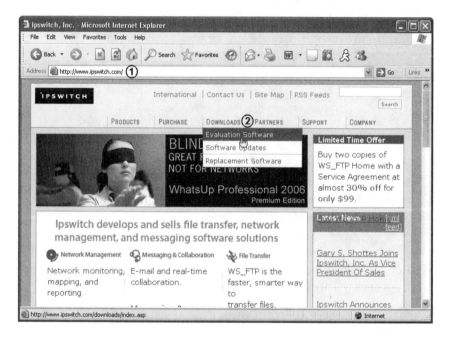

Siga esta gráfica para aprender cómo funciona el proceso de bajar programas al disco duro:

1. Primero abra su navegador, y a continuación escriba la dirección Web o "URL" *http://www.ipswitch.com* en la casilla de direcciones de su navegador. Después oprima la tecla de confirmar o "Enter".

2. Cuando vea la ventana de entrada al servidor Web de "IPSWITCH", haga clic sobre Bajar o "Download" y después sobre "Evaluation Software".

En la página Web que abre puede elegir el programa que desea evaluar, bajándolo a su disco duro. Para este ejemplo elegiremos "WS_FTP Professional", un programa que puede ser usado para bajar otros programas de sitios Web.

La primera parte de esta página le informa que el programa que acaba de bajar dejará de funcionar en 30 días. Si después de ese tiempo usted decide seguir usándolo, lo tiene que comprar.

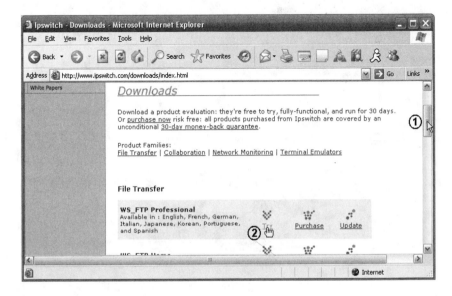

Siguiendo la gráfica de arriba puede comenzar el proceso de bajar un programa del Internet a su disco duro:

1. Haga clic sobre esta guía, mientras mantiene el botón izquierdo del ratón oprimido, u oprima la tecla "Page Down" para ver el resto de esta página.

2. En la segunda sección de esta página lleve el ratón enfrente del programa "WS_FTP Professional", y después haga clic sobre Trate o "Try". En las páginas siguientes aprenderá a registrarse con un sitio Web, que es uno de los requisitos para bajar *software* de evaluación.

Cómo registrarse con un sitio Web

Muchas veces cuando elige bajar un programa gratis de un sitio Web, la compañía que le permite bajar su programa le exigirá que usted se registre con ellos. De esta manera le podrán avisar acerca de actualizaciones del *software* que resuelven problemas que otros usuarios han encontrado con el programa. Si usted decide no inscribirse, la mayor parte de las compañías le negará acceso a los servicios que ofrecen.

En la gráfica de abajo puede ver la página Web que se abre si elige bajar este programa de demostración a su disco duro, después de elegir Bajar o "Downloads".

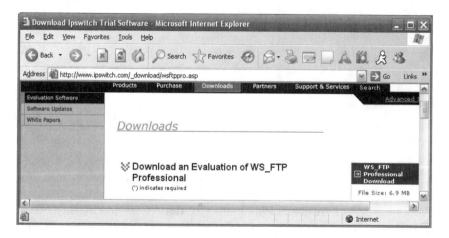

Para seguir a la segunda parte de esta página Web y registrarse con esta compañía, oprima la tecla de bajar una página o "Page Down" hasta ver la sección para inscribirse con esta compañía.

Por ejemplo, si encuentra un programa contra virus gratis, pero le preocupa dar su información personal a este sitio Web, entonces trate de buscar la manera de conseguir este *software* que necesita de otra manera, como por ejemplo comprándolo en Walmart.

En esta página Web trate de dar toda la información que se le pide, especialmente la que está marcada con un asterisco (*), para terminar de inscribirse con esta compañía.

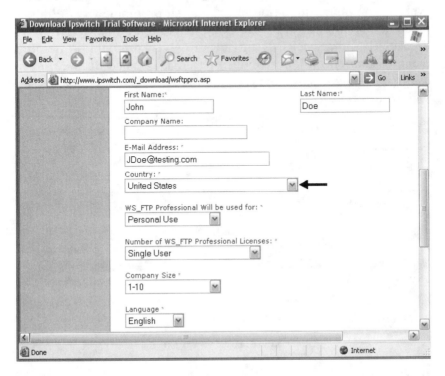

Para proveer su información, haga clic dentro de la casilla correspondiente. Por ejemplo, si su nombre es John, haga clic en la casilla debajo del primer nombre o "First Name" y escríbalo ahí. En estas páginas Web también encontrará varios menús desplegables (el menú que está indicado por la flecha enfrente de United States), en los cuales sólo es necesario hacer clic para buscar la respuesta que le corresponde. Por ejemplo, si hace clic en "United States", este menú le presentará otra serie de países, en los cuales puede escoger el que le corresponda con sólo hacer clic sobre él. Por último, cuando termine de llenar toda la información que se le pide, haga clic sobre Enviar o "Submit" en la parte inferior de esta página.

Cómo guardar al disco duro un programa que encontró en un sitio Web

Cuando termine de registrarse con este sitio Web, después de hacer clic sobre enviar o "Submit", otra página Web se abrirá y ahora le será posible bajar este programa a su disco duro.

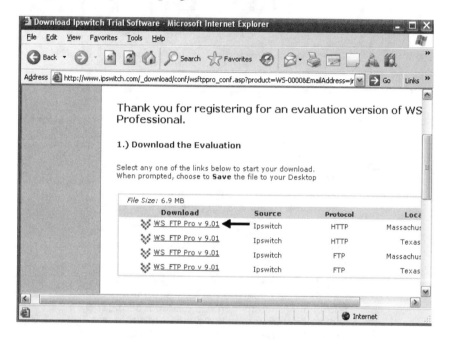

En esta página Web puede ver, debajo de Bajar o "Download", el nombre del programa que eligió previamente (WS_FTP_PRO_V_9.01). Haga clic sobre el nombre y compare con la columna derecha el lugar donde se encuentran las computadoras de donde bajará el *software*, para así escoger el que esté más cerca de donde vive antes de comenzar el proceso de bajar este programa de evaluación al disco duro de su computadora.

Cuando hace clic sobre el nombre del archivo, una pequeña ventana llamada una caja de diálogo o "Dialog Box" se abre para preguntar si desea comenzar a instalar este programa o guardarlo a su disco duro ("Do you want to run or save this file?").

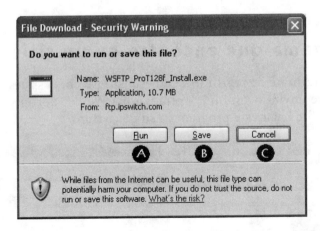

Esta es la manera de trabajar con la ventana de guardar los archivos que desee bajar del Internet:

Ⓐ Haga clic sobre correr o "Run" para instalar el programa.

Ⓑ Para guardar el archivo ejecutable o *exe del programa a su disco duro (que en realidad es varios archivos comprimidos en uno) o para instalarlo más tarde, haga clic sobre guardar o "Save". Esto es útil si encuentra un programa bastante voluminoso en el Internet, como por ejemplo el demo de un programa que se llama Macromedia Flash (de 65 megas bites), y usted sólo tiene una conexión al Internet por línea de teléfono o "Dial-up". En ese caso puede bajarlo en la casa de una persona que tenga Internet por cable y le puede pedir a esta persona que se lo grabe a un CD; usted luego puede usar el CD para copiar el archivo ejecutable a su propia computadora.

Ⓒ Haga clic sobre cancelar o "Cancel" para cerrar esta ventana sin guardar este archivo a su disco duro.

Le recomiendo que nunca instale programas en computadoras que no le pertenecen sin el permiso de sus dueños, como lo son las computadoras de las bibliotecas públicas. De hecho, es poco probable que ellos le permitan hacer esto, ya que si la computadora está bien configurada no le permitirá instalar ningún programa adicional.

En el recuadro de abajo puede ver el último paso para guardar este programa (que encontró en un sitio Web), si escogió guardarlo haciendo clic sobre guardar o "Save", al disco duro de su computadora.

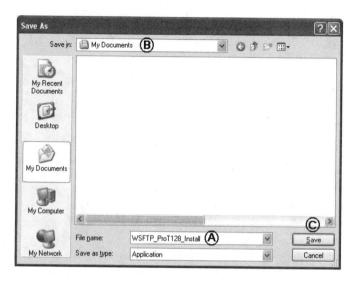

Esta es la manera de trabajar con esta ventana de diálogo para guardar este archivo al disco duro:

Ⓐ Este es el nombre del archivo ("WSFTP_ProT128_Install") que contiene este programa de FTP.

Ⓑ Esta es la carpeta o "Folder" en la cual será guardado el archivo en su disco duro.

Ⓒ Para guardar el archivo, sólo haga clic sobre guardar o "Save". Si el archivo baja sin ningún problema a su disco duro, recibirá otro mensaje informándole que el archivo ya está en su disco duro.

Cómo bajar programas gratuitos o "freeware" al disco duro

Las páginas que siguen ilustran cómo funciona el proceso de conseguir un programa gratis de un servidor Web. Para este ejemplo bajaremos unos juegos, visitando el sitio Web de una compañía que se llama *Nonags.com*.

Para comenzar, abra su navegador y escriba la dirección virtual o "URL" *http://www.ded.com/nonags/games.html* en su casilla de direcciones. Luego oprima la tecla de confirmar o "Enter".

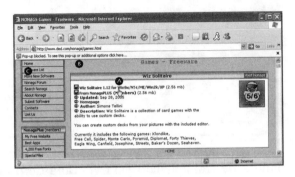

Siguiendo la gráfica de arriba puede comenzar el proceso de bajar un programa gratis del Internet a su disco duro:

Ⓐ Haga clic sobre el nombre del programa (si tiene Windows XP, sostenga la tecla de CTRL mientras lo selecciona).

Ⓑ Si tiene Windows XP y no sostuvo la tecla de CTRL para permitir que su navegador bajara este archivo, entonces haga clic sobre esta barrita amarilla, y elija Permitir "Pop-ups" temporalmente o "Temporarily Allow Pop-ups", y después vuelva a hacer clic sobre el nombre del archivo que desea bajar.

Ⓒ Haga clic sobre Entrada o "Home", para ver la página de entrada a este sitio Web.

Ahora otra copia del navegador abrirá, avisándole que el programa que eligió debe mostrarle la ventana de guardar automáticamente o "The download should start automatically". Si ésta no aparece haga clic en el enlace de aquí o "Here" para verlo. Cuando la ventana de diálogo de guardar se abra, siga las instrucciones delineadas en las dos últimas páginas para bajar este programa a su disco duro.

Cómo copiar y pegar o "Copy and Paste" para pasar texto de una página Web a un procesador de palabras o "Word Processor"

Una de las ventajas más grandes de usar un navegador en el Internet es la de poder encontrar información, copiarla y después "pegarla" (llevarla) a un procesador de palabras para poder utilizarla más tarde.

En el siguiente ejemplo visitaremos el sitio Web de la Organización de los Estados Americanos con el objeto de aprender la forma correcta de conseguir información acerca de cómo solicitar becas de estudio. También aprenderá cómo guardar información del Internet a un procesador de palabras para poder usarla después.

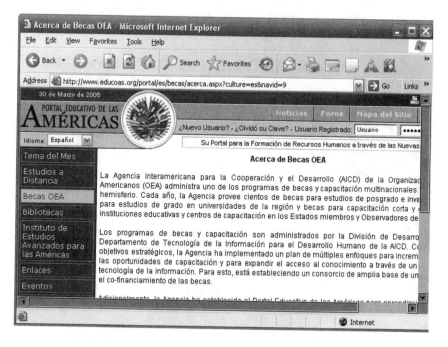

Estos son los pasos para visitar la página Web del Departamento de Becas de la OEA:

1. Primero establezca una conexión al Internet y después abra su navegador.

2. Luego escriba la siguiente dirección Web en frente de la casilla de direcciones: *http://www.educoas.org/portal/es/becas/ acerca.aspx?culture=es&navid=9.*

3. Finalmente oprima la tecla de confirmar o "Enter" para pedirle a su navegador que visite este sitio Web.

NOTA Copiar y pegar ("copy & paste") es una función de Windows que casi no cambia en ninguno de los programas diseñados para ser usados en este sistema operativo. Si tiene Microsoft Word o WordPerfect para Windows, los pasos para copiar esta información son los mismos.

En esta página Web escogeremos buscar una lista de las Preguntas Frecuentes acerca de cómo conseguir becas de la Organización de Estados Americanos.

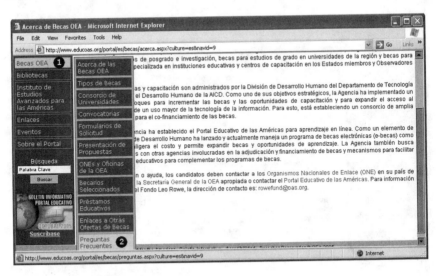

Por ejemplo, esta es la manera de abrir la página Web con las preguntas más frecuentes o "FAQ" sobre cómo conseguir becas de la Organización de Estados Americanos.

1. Primero haga clic sobre "Becas".

2. Ahora lleve el indicador del ratón hacia la derecha y después hacia abajo, y finalmente haga clic sobre "Preguntas Frecuentes".

Ahora puede ver en la pantalla de abajo las preguntas frecuentes de cómo conseguir becas en el sitio Web de la Organización de Las Naciones Unidas.

En las páginas que siguen, aprenderá a seleccionar el texto en esta página, y a pegarlo a un procesador de palabras.

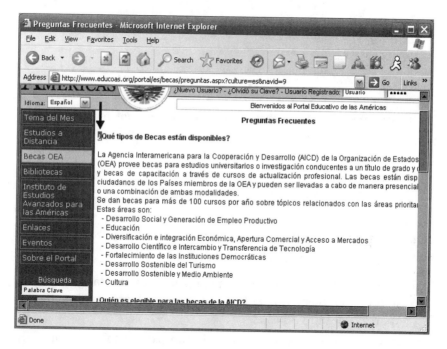

Este ejemplo le ayudará a entender el proceso de guardar información que encuentra en el Internet, para después usarla en tareas o en cualquier otro documento. Esto le puede ser especialmente útil si tiene hijos pequeños en la escuela y desea ayudarles con las tareas de la escuela, bajando información de enciclopedias virtuales que encuentre en el Internet.

Cómo seleccionar texto en una página Web

El primer paso para usar la función de copiar y pegar para copiar datos (texto, gráficas o ambos) de un programa de Windows a otro, es la de seleccionar lo que desea copiar.

En la gráfica de abajo puede ver parte del texto que vamos a seleccionar, para después copiarlo.

(1) ¿Qué tipos de Becas están disponibles?

(2) ¿Qué tipos de Becas están disponibles?

La Agencia Interamericana para la Cooperación y Desarrollo (AICD) de la Organización de Estados Americanos (OEA) provee becas para estudios universitarios o investigación conducentes a un título de grado y de posgrado, y becas de capacitación a través de cursos de actualización profesional. Las becas están disponibles para ciudadanos de los Países miembros de la OEA y pueden ser llevadas a cabo de manera presencial, a distancia, o una combinación de ambas modalidades.
Se dan becas para más de 100 cursos por año sobre tópicos relacionados con las áreas prioritarias del CIDI. Estas áreas son:
- Desarrollo Social y Generación de Empleo Productivo
- Educación
- Diversificación e integración Económica, Apertura Comercial y Acceso a Mercados
- Desarrollo Científico e Intercambio y Transferencia de Tecnología
- Fortalecimiento de las Instituciones Democráticas
- Desarrollo Sostenible del Turismo
- Desarrollo Sostenible y Medio Ambiente
- Cultura

Siga estos pasos, siguiendo la gráfica de arriba, para aprender a seleccionar texto en un programa para Windows:

1. Haga clic sobre el comienzo de la primera palabra que desea seleccionar, hasta que el indicador (éste parece una barrita) aparezca al lado de ésta.

2. Después, mientras mantiene el botón izquierdo del ratón oprimido, jale el ratón (como barriendo) hasta que todo el texto que desee seleccionar esté sombreado. En la gráfica de arriba puede ver que sólo elegí seleccionar las palabras "¿Qué tipos".

El proceso de seleccionar texto o gráficas, o ambos, en un programa para Windows como por ejemplo Internet Explorer 6.0 o Netscape 7.2, es el mismo. También es importante recordar que usted puede usar este proceso para seleccionar una sola palabra, o páginas enteras de lo que esté mirando en la pantalla.

En la página anterior pudo ver como sólo seleccioné las palabras "¿Qué tipos", porque quería mostrar que es posible seleccionar al mismo tiempo una, dos o cuantas palabras necesite, siempre y cuando estén en el mismo documento con el cual está trabajando.

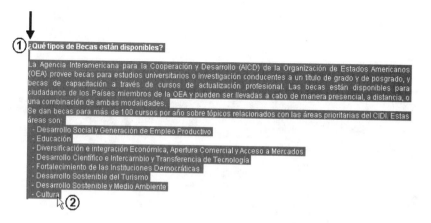

Por ejemplo, si desea seleccionar todo un bloque de texto, guiándose por la gráfica de arriba, lo puede hacer de la siguiente manera:

1. Lleve el indicador del ratón sobre el comienzo de la primera palabra que desea seleccionar, hasta que éste cambie a un indicador (parece una barrita).

2. Después, mientras mantiene el botón izquierdo del ratón oprimido, jale el ratón (como barriendo) hasta que todo el texto que desee seleccionar esté sombreado.

Si desea seleccionar rápidamente todo el contenido de lo que tenga en la pantalla, también es suficiente oprimir la combinación de teclas CTRL + A en su teclado.

Cómo copiar texto de páginas Web al pizarrón electrónico o "Clipboard"

En las páginas anteriores aprendió el proceso de seleccionar texto. En las páginas que siguen aprenderá a copiar esta selección a un pizarrón virtual que se llama el "Clipboard", para tenerlo disponible a cualquier otro programa que lo necesite.

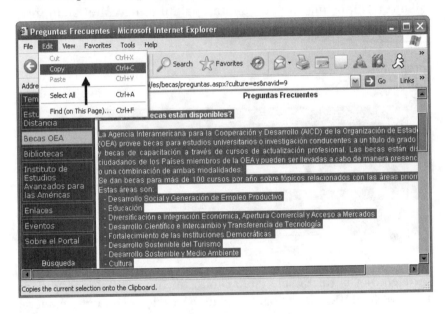

Cuando todo el texto que desee copiar esté seleccionado, haga clic sobre editar o "Edit", y después sobre copiar o "Copy". Ahora su selección estará disponible para ser pegada a cualquier otro programa para Windows, como por ejemplo el procesador de palabras Microsoft Word. Otra manera de copiar este texto, sin necesidad de usar el ratón, es usando la combinación de teclas CTRL + C.

Cómo pegar texto del pizarrón electrónico a un procesador de palabras

Ahora aprenderá a pegar (añadir) este texto que seleccionó y copió a un procesador de palabras, como por ejemplo al programa Wordpad (un procesador estándar que viene con Windows 95, 98 y XP). Podrá pegar el texto con tan sólo usar el ratón u oprimir una combinación de dos teclas en su teclado.

Para abrir este programa lleve el ratón sobre el botón de comienzo o "Start", después sobre "All Programs" (en Windows 98 dirá "Programs") y luego hacia arriba hasta "Accessories"; después lleve el indicador hacia la derecha y haga clic sobre el icono de Wordpad para abrir este procesador de palabras.

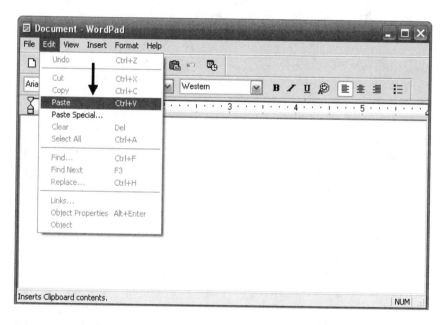

Cuando su procesador de palabras se abra, haga clic sobre editar o "Edit" y después haga clic sobre pegar o "Paste". De esta manera todo el texto que copió en el paso anterior será pegado al área de trabajo de su procesador de palabras. También puede pegar este texto usando la combinación de teclas CTRL + V. Esto se puede hacer de la misma manera si tiene otro procesador de palabras, como por ejemplo Microsoft Word 2003.

En la gráfica de abajo, en el área de trabajo del procesador de palabras Wordpad, puede ver claramente todo el texto que seleccionó, copió y luego pegó.

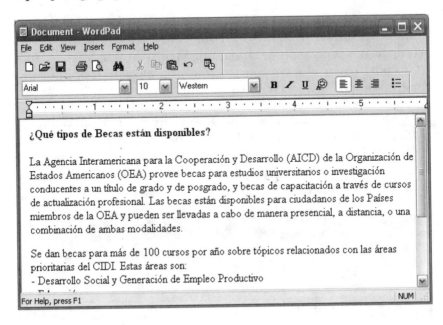

La ventaja de usar este proceso para tomar información, como texto o texto con gráficas, de un programa para Windows a otro, es que puede duplicar varias páginas de algo que le interesa guardar, sin necesidad de volverlo a escribir de nuevo. También es importante recordar que después de que este texto esté en un documento, por ejemplo en un procesador de palabras, le puede cambiar el tipo de letra o añadir o quitarle palabras y después guardarlo a su disco duro o una unidad de memoria removible. Para aprender a hacer esto le puede ser muy útil leer mi libro, *Computadoras para todos*.

Por ejemplo si desea buscar la letra de una canción, la puede buscar en el Internet, seleccionarla, copiarla y después pegarla a un procesador de palabras o a un mensaje de correo electrónico para un ser querido.

Cómo guardar el texto que encontró en una página Web

Finalmente, si desea guardar la información que encontró, después de abrir un procesador de palabras u otro programa que la pueda aceptar haga clic sobre "File" (archivo) y despues sobre "Save" (guardar). También puede hacer esta operación usando la combinación de teclas CTRL + S.

Cuando el siguiente recuadro se abra, escriba el nombre que desea usar para este archivo y después oprima la tecla "Enter" para guardarlo.

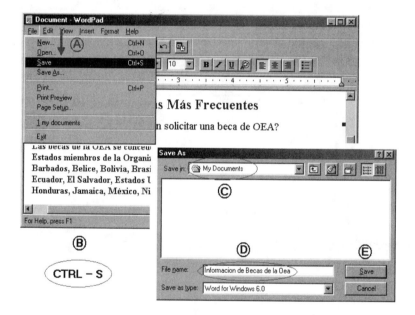

Mire la gráfica anterior y siga los siguientes pasos para guardar este archivo en el disco duro:

Ⓐ Haga clic sobre "File" y después haga clic sobre "Save" para guardar este archivo al disco duro.

Ⓑ También puede usar la combinación de teclas CTRL + S.

Ⓒ Esta es la carpeta en la cual será guardado el archivo.

Ⓓ Este es el nombre del archivo.

Ⓔ Finalmente, coloque el indicador sobre "Save" y haga clic una vez.

Cómo abrir archivos que guardó en su disco duro

Si desea usar este archivo en otra oportunidad, abra WordPad, haga clic sobre "File" y despues sobre "Open" (abrir); o use la combinación de teclas CTRL + O.

Una vez que la segunda gráfica se abra, elija el archivo que desea, colocando el indicador sobre el nombre del archivo y haciendo clic dos veces.

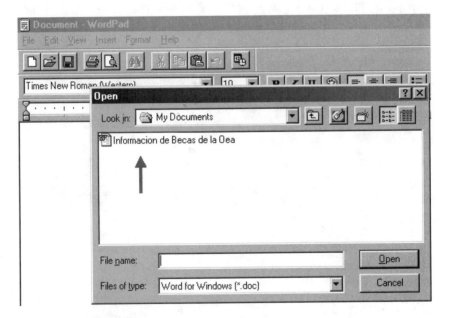

NOTA
Este proceso es sumamente útil cuando usted está usando motores de búsqueda, como Lycos, AltaVista o Yahoo! en Español y encuentra información que desea guardar para aprovecharla más tarde.

Cómo imprimir una página Web desde un navegador

Imprimir desde un navegador es una tarea bastante fácil. Primero espere a que la página que desea imprimir haya terminado de cargarse, o sea, que haya terminado de aparecer, en su totalidad, en el área de trabajo, con las gráficas que contenga.

En este ejemplo puede ver el resultado de una búsqueda de trabajo en el Centro de Búsqueda de Empleos, o "Cyber Career Center", en la dirección Web o "URL" *http://jobsearch.hispaniconline.monster.com*. Ésta la ofrece el servidor Web de Hispanic Online conjunto con el servidor Web de *Monster.com*.

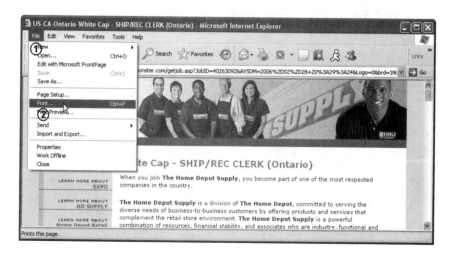

Esta es la manera de imprimir una página Web desde la barra de menús:

1. Cuando esté visitando una página Web, haga clic sobre "File" en su navegador para ver las diferentes opciones disponibles en este menú desplegable.

2. Después jale el indicador hacia abajo, y haga clic sobre imprimir o "Print".

También es posible imprimir haciendo clic sobre el icono de imprimir en la barra de herramientas, pero esto no le da la oportunidad de escoger la impresora (si tiene más de una conectada a su computadora) que desea usar, o de indicarle a la impresora qué páginas desea imprimir. Por ejemplo, si está mirando un documento de 100 páginas y hace clic sobre el icono de imprimir, la impresora primaria o "Default" recibirá la orden de imprimir estas páginas sin más demora.

También puede abrir la ventana de diálogo o "Dialog Box" con las opciones de imprimir, en este o en cualquier otro programa para Windows, oprimiendo la combinación de teclas CTRL + P en su teclado.

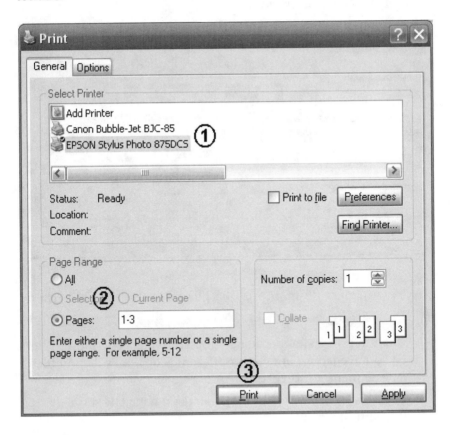

Esta es la manera de usar esta ventana de diálogo para imprimir una página Web en Internet Explorer 6.0 o en cualquier otro programa para Windows:

1. En esta casilla escoja el nombre de la impresora, si tiene más de una impresora conectada a su computadora, que desea usar para imprimir lo que tiene en la pantalla.

2. Debajo de "Page Range" escoja las páginas que desea imprimir. Por ejemplo, si está visitando una página Web que consiste de solo dos páginas, puede dejar la selección de imprimir todas las páginas o "All". Pero si en cambio está visitando un página Web con muchas páginas y sólo desea imprimir de la una a la tres, escriba "1-3" enfrente de "Pages".

3. Por último, cerciórese de que su impresora está prendida, y después haga clic sobre "Print".

Si su navegador es Netscape 7.2, o una versión anterior, la ventana con las opciones de imprimir es un poco diferente.

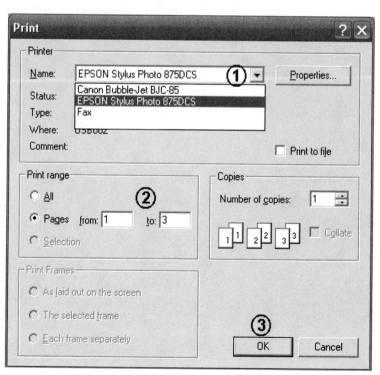

Esta es la manera de usar esta ventana de diálogo si usa el navegador Netscape 7.2:

1. Haga clic sobre esta casilla para escoger el nombre de la impresora, si tiene más de una impresora conectada a su computadora, que desea usar para imprimir.

2. Debajo de "Print Range" escoga las páginas que desea imprimir. Por ejemplo, si está visitando una página Web que consiste de sólo dos páginas, puede dejar la selección de imprimir todas las páginas o "All". Pero si está mirando una página Web con muchas páginas y sólo desea imprimir de la una a la tres, escriba "1-3" enfrente de "Pages".

3. Por último, cerciórese que su impresora está prendida, y después haga clic sobre "OK".

Cómo bajar gráficas al disco duro

Una de las ventajas de navegadores como Internet Explorer y Netscape Navigator es la de poder ver todo tipo de gráficas directamente en la pantalla de trabajo, sin la necesidad de tener un programa externo.

El proceso de bajar gráficas de un navegador al disco duro funciona de una manera diferente al proceso de copiar texto de un navegador a un procesador de palabras.

Las siguientes son las dos maneras más comunes de copiar una gráfica al disco duro:

- Coloque el indicador sobre la gráfica y si la punta de la flecha cambia a una mano haga clic dos veces, para que esta gráfica (a menos que sea un enlace a otro servidor Web) llene el área de trabajo. Después siga las instrucciones de las páginas siguientes para guardarla al disco duro.

- Si la gráfica no muestra una mano cuando coloque el indicador sobre ella, use la función de captura de pantallas con la tecla "Print screen", localizada en la parte de arriba a la derecha del teclado; después abra el programa Paint, use la combinación de teclas CTRL + V y, finalmente, guárdela en el disco duro.

Primero encuentre la gráfica que desea bajar. Para buscar gráficas en el Internet puede usar Lycos, AltaVista o Yahoo.

Para ilustrar mejor este ejemplo visite el servidor Web de la NASA y solicite una foto del transbordador espacial ("space shuttle").

El "URL", o dirección virtual, donde puede encontrar esta foto es: *http://www.imoc.com/sts-95/images/preflight.*

La siguiente gráfica muestra una foto del transbordador espacial.

Para iniciar el proceso de guardar esta gráfica, coloque el indicador sobre "Low Resolution" y haga clic una vez.

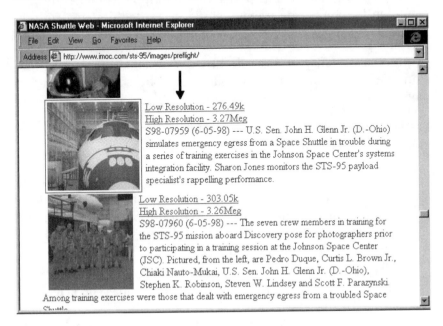

Recuerde que cuando baja una gráfica que encontró en el Internet a su disco duro o a otra unidad de almacenamiento de datos, debe averiguar cuáles son los requisitos para usarla, especialmente si la quiere usar con ánimos de lucro.

Ahora puede ver la foto tomando todo el área de trabajo de su navegador, en este caso la foto de un transbordador espacial.

Los pasos para bajar gráficas del Internet son muy parecidos si usa Internet Explorer 6.0 o Netscape 7.2. Una de las diferencias más grandes es que en Internet Explorer 6.0 las gráficas reciben el nombre de foto o "Picture", pero si usa Netscape 7.2, las gráficas son conocidas como imágenes o "Images".

NOTA

Este procedimiento es muy útil para personas que estén haciendo trabajos académicos y necesiten agregar fotos a sus ensayos y tareas escolares. Una vez que la foto que desea esté en el disco duro, la puede pegar al trabajo o proyecto que esté escribiendo en su procesador de palabras, como por ejemplo Word para Windows.

Pasos para bajar una gráfica al disco duro

Ahora puede guardar la siguiente gráfica a su disco duro de la manera que verá en la parte inferior de esta página; esta gráfica permanecerá en su disco duro para ser usada en otra ocasión.

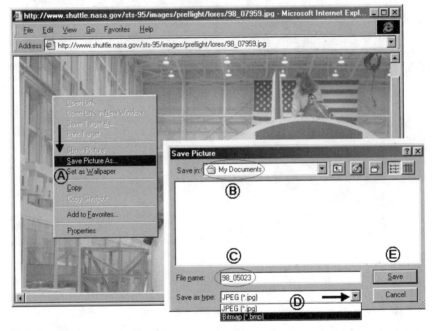

En el recuadro superior siga los siguientes pasos para guardar la foto del transbordador espacial al disco duro:

A Primero coloque el indicador sobre la gráfica; luego oprima el botón derecho y después arrastre el indicador un poco en esta lista de opciones; por último haga clic una vez sobre "Save Picture As".

B Esta es la carpeta en la cual será guardado el archivo.

C Este es el nombre de la foto que copiará al disco duro.

D Es recomendable que haga clic sobre esta flecha hacia abajo y elija guardar el archivo como uno de tipo "Bitmap" (BMP). De esta manera será más fácil de usar con procesadores de palabras.

E Ahora haga clic sobre "Save".

Para recordar

- Una de las ventajas más importantes de usar el Internet es la posibilidad de sacar la información que encontró y usarla de una manera sencilla cuando la necesite.

- El Internet es una red de computadoras y por esa razón también sigue el mismo modelo de Cliente-Servidor.

- Los dos tipos de programas más comunes para bajar a su disco duro son los de *shareware* (programas de evaluación o prueba) y *freeware* (programas gratuitos).

- Muchas veces, cuando elije copiar un programa de un servidor Web, la compañía que le permite copiarlo le exigirá que usted se registre con ellos.

- Use "Copy and Paste" (copiar y pegar) para pasar texto de una página Web a un procesador de palabras.

- Use la combinación de teclas CTRL + A para seleccionar las páginas Web que desea copiar.

- Use la combinación de teclas CTRL + P para imprimir desde este navegador.

El correo electrónico
o "e-mail"

7

El correo electrónico

El correo electrónico convierte a su computadora en un mensajero de servicio postal virtual. Es decir, que su buzón de correo no está en la puerta de su casa, sino en algún lugar del espacio; y que su computadora puede recibir y enviar mensajes electrónicos a pesar de la lluvia, la nieve y la distancia, donde quiera que tenga disponible una fuente de energía y una línea de teléfono; y que lo único que puede interrumpir la transmisión de sus mensajes es una suspensión del servicio de Internet o una falla en el suministro de energía eléctrica.

Así, su computadora funciona como un servidor postal que siempre está listo a entregarle sus mensajes con la eficacia del mejor cartero.

Es improbable que el correo electrónico reemplace totalmente al servicio postal, pero es un hecho que este extraordinario medio de comunicación ha incrementado la cantidad de mensajes que los seres humanos se envían entre sí.

El correo electrónico
(E-Mail)

Esta gráfica ilustra cómo una computadora personal se puede convertir en un buzón virtual desde el cual se pueden enviar y recibir todo tipo de mensajes y documentos 365 días al año y 24 horas al día.

El correo electrónico y el Internet

El Internet ha revolucionado totalmente la forma en que muchas personas trabajan hoy en día. Por esta razón, este extraordinario medio de comunicación tiene la posibilidad de causar, para bien o para mal, un gran impacto en nuestra civilización.

Y, por supuesto, el correo electrónico es uno de los beneficios más visibles que una persona puede recibir del Internet, pues éste rompe por completo las barreras del tiempo y del espacio que existen con el correo regular o con los faxes (facsímiles).

Hoy en día, tener un buzón de correo electrónico, aunque no reemplaza, por supuesto, el correo postal, se ha convertido casi en una necesidad, especialmente en el mundo de los negocios y en el campo académico.

Pero aun si usted no es un científico ni el presidente de una corporación financiera, sino simplemente un abuelo tratando de comunicarse con sus nietos en el otro extremo del planeta o un joven enamorado que envía poemas y cartas de amor, el correo electrónico se ha convertido en el medio de comunicación más rápido y económico que se conoce hasta hoy.

La tecnología de acceso al correo electrónico se ha popularizado tanto que inclusive existen algunos servicios, como Hotmail, que le permiten abrir un buzón de correo electrónico desde su biblioteca local; en este caso, no es necesario tener una computadora propia; sólo necesita visitar la biblioteca cuando tenga que enviar o recibir correo.

Para usar el correo electrónico sólo es necesario tener una dirección de correo y tener acceso a una computadora con un módem o una conexión al Internet a través de una red local.

NOTA

A diferencia de un buzón común y corriente, en el cual se levanta la bandera roja para anunciar el correo, es necesario prender la computadora y conectarse a su servicio en línea para recibir notificación de que recibió correo electrónico.

Cómo funciona el correo electrónico

Así como ya el Internet ha revolucionado la forma en que muchas personas trabajan hoy en día, el correo electrónico, a su vez, tiene la posibilidad de impactar de manera dramática a un sector muy amplio de la población.

La siguiente gráfica describe la manera cómo funciona el proceso de enviar un mensaje a un usuario de AOL.

El proceso de enviar correo electrónico (E-Mail)

1- Primero un usuario crea un mensaje.

2- Cuando termina de redactarlo elige "Send", para enviar el mensaje.

3- La próxima vez que "fulano", el recipiente del mensaje, entre a America Online recibirá notificación de que recibió correo electrónico.

En el ejemplo anterior:

1. Un usuario con una cuenta de correo electrónico (en cualquier parte del mundo) genera un mensaje para "fulano", para enviarlo a la dirección de correo: fulano@aol.com.

2. Finalmente este usuario elige enviar ("Send") y el mensaje es enviado al servidor de America Online.

3. La próxima vez que "fulano" entre en America Online, recibirá notificación de que le espera un mensaje.

El concepto de un nombre único para un buzón de correo electrónico por cada territorio virtual

Un buzón de correo electrónico debe tener un nombre único por territorio virtual. Es decir, que el territorio virtual AOL.com sólo puede tener un Jaime, una Susana y un Víctor. Si otros Jaimes, Susanas o Víctores desean obtener un buzón de correo electrónico, estos recibirán un buzón con su nombre, seguido de un número, como por ejemplo Jaime01 y así sucesivamente.

Esta es la razón por la cual muchas veces, cuando usted va a hacerse miembro de un servicio en línea y solicita crear un buzón de correo, no pueden adjudicarle el nombre que usted elige, porque simplemente ese nombre ya ha sido adjudicado a otra persona. En ese caso, debe cambiar el nombre a uno que esté disponible, aunque a menudo la diferencia puede consistir solamente en una letra o número; lo importante en este caso es que la dirección pueda diferenciarse claramente de todas las demás direcciones virtuales.

El buzón de correo electrónico

Gonzalo04@Aol.com

Nombre del buzón   Territorio virtual

En esta gráfica puede ver el buzón de correo electrónico Gonzalo04; éste se encuentra en el servidor de correo de America Online en el territorio virtual AOL.com. Entonces, sólo puede haber un Gonzalo04 inscrito con ese servidor; aunque pueda existir, por supuesto, un Gonzalo03.

Ventajas del correo electrónico

El correo electrónico es uno de los avances más notables del mundo de las computadoras; éste nos permite enviar y recibir mensajes casi de manera instantánea a nuestros parientes o conocidos a través del mundo, sin necesidad de salir de nuestras casas y usar una oficina postal.

Una de las ventajas más importantes del correo electrónico es la de poder recibir mensajes enviados entre sistemas que, si estuvieran uno junto al otro, serían prácticamente incompatibles.

Por ejemplo, a primera vista, si se tiene una computadora usando el sistema operativo UNIX y otra con el sistema operativo DOS, puede ser muy complicado intercambiar mensajes entre las dos computadoras.

El milagro del correo electrónico, sin embargo, consiste en que una computadora localizada en Rusia que utiliza el sistema operativo UNIX puede enviarle correo electrónico a una computadora que está usando el sistema operativo DOS en Nueva York, sin ningún tipo de problema.

El correo electrónico también es usado muy a menudo para enviar archivos de un sitio a otro, aunque ésta, por supuesto, es una aplicación distinta a lo que se denomina correo electrónico; por esta razón, este procedimiento no funciona bien en todas las ocasiones.

Este proceso se denomina adjuntar archivos y como regla general opera muy bien si se intercambian archivos entre equipos con el mismo sistema operativo y usando el mismo servicio en línea. De lo contrario, puede correr el riesgo de no poder recibir el archivo que le están enviando.

NOTA

Si lo único que le interesa es tener correo electrónico y no necesita acceso al Internet, es posible conseguir cuentas gratis de servicios como Juno. Éstas le permiten enviar y recibir correo electrónico gratis; lo único que le piden es que vea la publicidad que ellos insertan, para pagar el servicio.

Cómo enviar y recibir mensajes de correo electrónico

En las siguientes páginas podrá ver el proceso para enviar y recibir mensajes de correo electrónico con los tres servicios en línea que tienen más usuarios hoy en día. Este proceso cambia muy poco para estos tres servicios y el concepto siempre es el mismo:

- Primero, conéctese a su servicio en línea y abra el programa de correo electrónico.
- Si desea recibir mensajes, éntre a su servicio en línea o proveedor de servicio al Internet. Una vez que lea su correo electrónico, cierre el programa que usó para conectarse, con el fin de no mantener ocupada la línea.
- Si quiere, puede redactar mensajes fuera de línea y más adelante, cuando los termine de redactar, establecer una conexión con su servicio en línea o su ISP para enviarlos.

También aprenderá a enviar y recibir mensajes usando los programas de correo de Outlook Express 6.0 (cuyo proceso es similar al que se usa para enviar y recibir mensajes de correo electrónico con el servicio MSN), que viene incluído con el navegador Internet Explorer 6.0.

En este capítulo aprenderá a crear mensajes fuera de línea con Outlook Express 6.0, que es muy importante para ejecutivos y personas que usan computadoras portátiles y deciden componer sus mensajes en momentos en que no disponen de una conexión al Internet.

También es importante mencionar que quienes carecen de una computadora personal pueden abrir una cuenta de correo electrónico, por medio de un servidor Web llamado Hotmail. Es decir, que hoy en día es posible utilizar cualquier computadora que tenga acceso al Internet, aunque ésta no sea de su propiedad (por supuesto que con el consentimiento de su dueño), como es el caso de las computadoras de su biblioteca y mantener una cuenta de correo electrónico con este servicio. La dirección virtual de este servicio es: *http://www.hotmail.com.*

El proceso de añadir archivos al correo electrónico

Tal como vimos anteriormente, el Internet es capaz de manejar el intercambio de texto, es decir, palabras, con mucha eficacia y a través de sistemas totalmente distintos sin ningún problema.

Pero, como ya dije, el proceso de anexar archivos a un mensaje electrónico es un campo inhóspito y en general este procedimiento sólo funciona bien en determinadas circunstancias.

Para que dos computadoras intercambien archivos enviados a través del Internet, asegúrese de seguir estos pasos para obtener mejores probabilidades de éxito:

- Cerciórese que la persona a la cual le está enviando un archivo tenga un programa similar o al menos compatible al que está usando para crear el archivo que le desea enviar. Por ejemplo, si creó un archivo de gastos usando Microsoft Excel, cerciórese que la persona a la que se lo envía tenga este programa.

- Pregunte antes de enviar demasiados archivos o archivos voluminosos (como lo son fotos que tomó con una cámara digital) si la persona a la que se los está enviando tiene una conexión al Internet por cable o DSL; de lo contrario, si esta persona tiene servicio de Internet por marcar o "Dial-up", recibir su mensaje de correo electrónico le puede tomar horas.

También recuerde que la mayoría de los programas de correo electrónico gratis, como Hotmail y Yahoo, ponen límites al tamaño de los archivos que puede enviar con su servicio, y no le permiten enviar archivos demasiado voluminosos a través del correo electrónico.

Cómo enviar mensajes usando AOL

America Online es el servicio en línea que más usuarios tiene en todo el mundo; su proceso de enviar y recibir mensajes es muy fácil.

Primero establezca una conexión a AOL. Una vez que haya entrado en AOL, use la combinación de teclas CTRL+M para ver el siguiente recuadro.

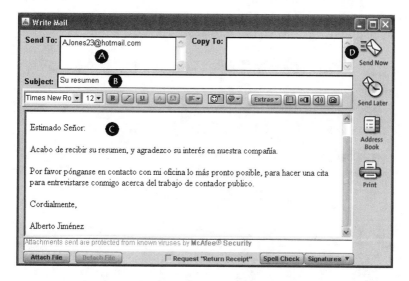

Siga los pasos en la gráfica anterior para enviar un mensaje con AOL:

Ⓐ En esta casilla escriba la dirección electrónica de la persona que recibirá el mensaje electrónico; si desea enviar este mensaje a más de una persona, escriba una coma y después la dirección de la segunda persona que recibirá el mensaje.

Ⓑ En esta casilla escriba el tema del mensaje.

Ⓒ En el recuadro principal, escriba el mensaje.

Ⓓ Finalmente, coloque el indicador encima de "Send Now" y haga clic una vez para enviar el mensaje.

NOTA Si desea enviar una copia de este mensaje a otra persona, escriba la dirección electrónica dentro del recuadro de "Copy To".

Cómo recibir mensajes usando AOL

El proceso de recibir mensajes funciona de la siguiente manera:

- Primero abra una conexión a AOL.
- Una vez que la comunicación esté establecida, use la combinación de teclas CTRL+R para ver si tiene mensajes.

En la siguiente gráfica puede ver claramente que hay un mensaje esperando a ser abierto; ahora coloque el indicador sobre el mensaje y haga clic dos veces para abrirlo.

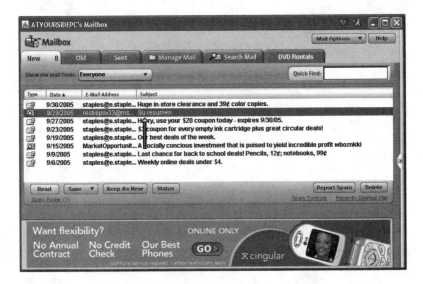

En la gráfica anterior la flecha señala los mensajes nuevos. Mire siempre la procedencia y luego el tema del mensaje y no lo abra nunca si viene de personas o entidades desconocidas; si esto sucede, seleccione el mensaje haciendo clic una vez y elija "Delete" para borrarlo; en esa forma evitará infecciones de virus y otros daños a su equipo.

En la siguiente gráfica puede ver el mensaje que recibió. Si desea responderlo, coloque el indicador sobre "Reply" (responder) y haga clic una vez. Cuando elige responder a un mensaje, la dirección electrónica de la persona que lo envió es añadida automáticamente a la lista de las personas que recibirán la respuesta; de esta manera sólo necesita escribir el mensaje y escoger "Send Now" para enviarlo.

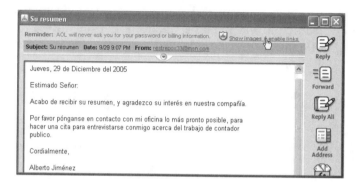

Esta es la manera de recibir un mensaje si usa la nueva versión de America Online 9.0:

- Cuando trate de abrir un mensaje y reciba el mensaje "Do you know who sent you this e-mail?", haga clic sobre "Yes" si conoce la persona que se lo envió, de otra manera el mensaje no se abrirá.

- A veces es necesario hacer clic sobre "Show images & enable links" para poder ver imágenes o enlaces que hayan sido añadidos al mensaje.

NOTA

Recuerde que cuando tiene una conexión al Internet por línea de teléfono o "Dial-up", está ocupando su línea telefónica, así que nadie podrá usar su teléfono cuando usted está enviando o recibiendo mensajes. Por eso es importante redactar su mensaje antes de escoger "Send". La ventaja de tener servicio de Internet por cable es que su teléfono siempre está libre para recibir llamadas.

La libreta de direcciones o "Address Book" en AOL 9.0

La libreta de direcciones de America Online le permite guardar direcciones de correo electrónico, manualmente o copiando la dirección de los mensajes que recibe. Éstas más tarde se pueden añadir a un mensaje. Si por ejemplo siempre envía mensajes de correo electrónico a una persona puede usar esta libreta de direcciones para llenar la dirección de correo electrónico de ésta con un solo clic del ratón.

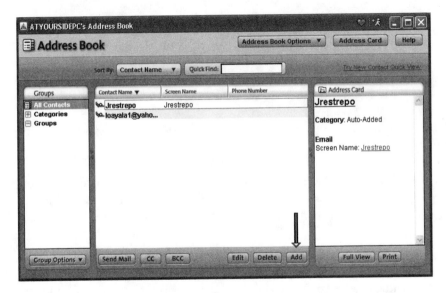

Siga estos pasos para añadir una dirección de correo electrónico a la libreta de AOL:

1. En la barra de direcciones virtuales escriba "Address Book" y después haga clic sobre "Go".
2. Cuando la libreta de direcciones se abra, haga clic sobre "Add".

En la siguiente gráfica puede ver el recuadro que le permitirá añadir una dirección de correo electrónico.

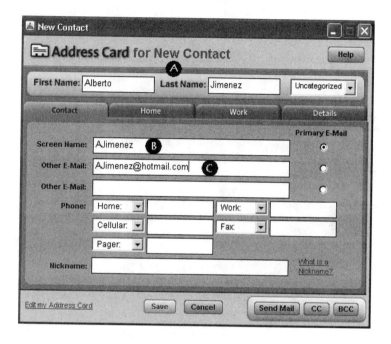

Llene la información para crear un contacto en esta libreta de
direcciones, de esta manera:

Ⓐ En estas dos casillas escriba el nombre y el apellido
de la persona que desea añadir a su libreta de
direcciones.

Ⓑ En esta casilla, si esta persona tiene una cuenta de
AOL, escriba su nombre de usuario.

Ⓒ En esta casilla, si esta persona tiene cuenta de
correo electrónico con otro servicio, escriba la
dirección de correo electrónica de éste.

Para guardar esta dirección de correo electrónico haga clic sobre
"Save" y después cierre la libreta de direcciones.

También se le pueden añadir direcciones a esta libreta de correo electrónico, directamente de los mensajes que recibe. Esta función es supremamente útil, sobre todo con algunas direcciones de correo electrónico que tienen símbolos raros.

En la siguiente gráfica puede ver un mensaje que llegó a mi buzón de correo electrónico.

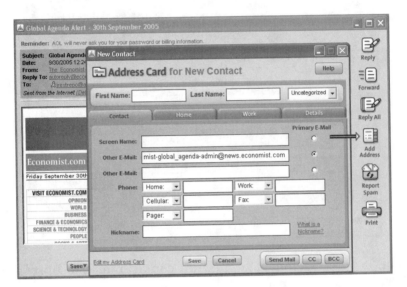

Si recibe un mensaje de correo electrónico y desea guardar la dirección de correo electrónico, lo puede hacer de esta manera:

1. Cuando el mensaje esté en su pantalla, haga clic sobre "Add Address".

2. Para terminar haga clic sobre "Save".

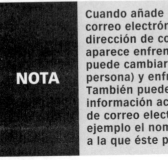

NOTA

Cuando añade una dirección de correo electrónico de esta manera, la dirección de correo electrónico aparece enfrente del nombre (éste lo puede cambiar al nombre de la persona) y enfrente de la dirección. También puede añadir más información acerca de esta dirección de correo electrónico, como por ejemplo el nombre de usuario de AOL a la que éste pertenece.

Cómo usar la libreta de direcciones en AOL 9.0

Una vez que tenga direcciones de correo electrónico en esta libreta, la podrá usar para añadir la dirección a la cual desea enviar mensajes con solo usar el ratón.

En la siguiente gráfica puede ver la manera de usar la libreta de correo electrónico.

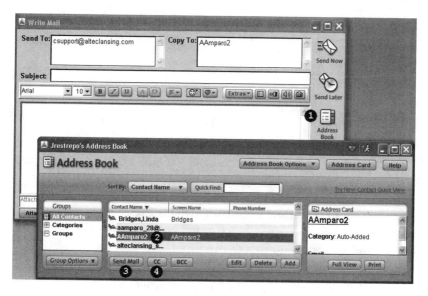

La siguiente es la manera de usar la libreta de correo electrónico:

1. Cuando empiece a redactar un mensaje, haga clic sobre "Address Book".

2. Cuando la libreta de correo electrónico se abra, seleccione la dirección de correo electrónico a la cual desea enviar este mensaje y haga clic sobre ella.

3. Para añadir esta dirección de correo electrónico a su mensaje, haga clic sobre "Send Mail".

4. Si desea enviar una copia de un mensaje a otra persona, seleccione la dirección de esta persona, y después haga clic sobre "CC". Si desea enviar una copia de este mensaje a otra persona, pero no quiere que esta persona vea a quien más le ha enviado este mensaje, haga clic sobre "BCC".

El archivador de correo electrónico de AOL 9.0

Este consiste en una serie de gavetas virtuales en las cuales usted puede guardar el correo electrónico que llega a su buzón de America Online, además puede guardar copias del correo electrónico que envía. Esta función es sumamente útil ya que después de haber recibido un mensaje, si eligió la opción de guardar el correo electrónico, lo podrá encontrar muy fácilmente.

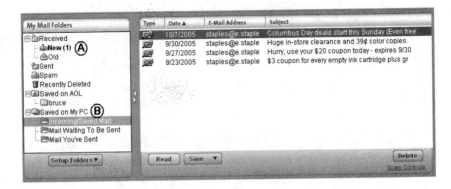

Por favor siga esta gráfica para identificar las carpetas principales en el archivador de correo electrónico o "File Cabinet" en la versión 9.0 del *software* America Online:

Ⓐ Debajo de nuevo o "New" encontrará los últimos mensajes que recibió. Cuando usted hace clic sobre correo o "Mail", ésta es la primera carpeta que America Online le mostrará.

Ⓑ Debajo de guardado en mi computadora o "Saved on My PC", encontrará tres carpetas diferentes con:

  ● Correo que recibió y que AOL guardó en su computadora o "Incoming/Saved Mail".

  ● Correo que está por ser enviado o "Mail Waiting To Be Sent".

  ● Correo que envió o "Mail You've Sent".

Más adelante aprenderá a usar estas carpetas para buscar mensajes de correo electrónico que envió o recibió.

Cómo usar el archivador de correo electrónico de AOL 9.0

Para usar el archivador de correo electrónico de AOL es necesario cambiar las opciones de éste en las preferencias, para cada uno de los usuarios que deseen usar esta función de America Online. Para cambiar estas opciones, es necesario que la pantalla principal de America Online muestre el nombre del usuario que desea usar un archivador de correo electrónico.

Para cambiar las opciones de trabajar con el correo electrónico, haga clic sobre el icono de configuración o "Settings" (en la barra de herramientas de AOL 9.0). Después, en la lista que abre, haga clic sobre configuración de correo o "Mail Settings".

Esta es la manera de trabajar con las opciones del archivador de correo electrónico de AOL 9.0. para pedirle al *software* de AOL que guarde sus mensajes de correo electrónico en el disco duro de su computadora:

A Haga clic sobre guardar todo el correo que recibo . . . o "Retain all mail I read . . ." para guardar el correo que lee localmente en su computadora.

B Haga clic sobre guardar todo el correo que envío . . . o "Retain all mail I send . . ." para guardar el correo que envía localmente en su computadora. Para terminar haga clic sobre guardar o "Save".

Una de las ventajas de guardar el correo localmente en su computadora es que estará disponible aun cuando no esté conectado a America Online.

Cómo abrir el archivador de correo electrónico de AOL 9.0

Ahora le será posible buscar mensajes de correo electrónico que haya leído o enviado previamente desde el nombre de usuario en la computadora en que trabaja. Esta función no está disponible en una computadora en la cual entre como visitante o "Guest", debido a motivos de seguridad.

Para abrir y trabajar con el archivador de correo electrónico en America Online, oprima la combinación de teclas CTRL+R, y después haga clic sobre manejar correo o "Manage Mail".

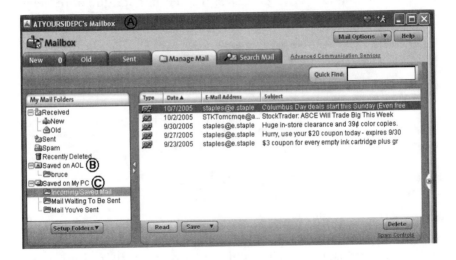

Cuando éste abra, guíese por esta gráfica para identificar las dos carpetas más importantes, presentes en el archivador de correo electrónico de America Online 9.0:

A Este es el nombre del usuario usando AOL en este momento.

B Esta es la carpeta de correo que guarda remotamente en los servidores de AOL.

C Este es el correo que ha estado guardando localmente o "Saved on My PC".

El correo que guarda en AOL estará disponible aun cuando use AOL como invitado o "Guest", desde una computadora que no le pertenece.

Como pudo ver anteriormente debajo de la carpeta de guardado en su computadora o "Saved on your PC", encontrará otras tres carpetas diferentes en las cuales AOL guarda, si así esta configurado previamente, casi toda la correspondencia con la que trabaja mientras usa America Online.

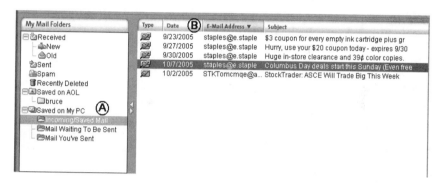

Siga estos pasos, guiándose por esta gráfica, para buscar y abrir mensajes de correo electrónico guardados en estas carpetas:

Ⓐ Si desea buscar un mensaje de correo electrónico que abrió previamente, haga clic sobre correo recibido y guardado o "Incoming Saved Mail".

Ⓑ En el panel de la derecha, puede ver la lista del correo electrónico que corresponde a la carpeta que eligió ver. Si tiene mucho correo puede cambiar la manera como éste le es presentado; por ejemplo, si hace clic una vez sobre direcciones de correo electrónico o "E-Mail Address", esta lista agrupará todas las direcciones de correo electrónico procedentes de la misma persona o entidad. Cuando encuentre el mensaje que desea abrir, haga doble clic sobre él.

Si en cambio desea ver el correo organizado por la fecha en el cual lo recibió, entonces haga clic sobre fecha o "Date", o si lo quiere ver organizado por el tema del mensaje, entonces haga clic sobre tema o "Subject". De la misma manera, si desea ver mensajes de correo electrónico que envió previamente haga clic sobre correo que usted ha enviado o "Mail You've Sent".

Cómo hallar un mensaje de correo electrónico de AOL 9.0

Si revisa todos los mensajes de correo electrónico, buscando un mensaje y éste no aparece, entonces puede usar la función de hallar, o "Find", usando solo una palabra que describe lo que está buscando.

La siguiente gráfica ilustra cómo usar la función de buscar o "Find" para hallar mensajes de correo electrónico que eligió guardar a su archivador de correo electrónico.

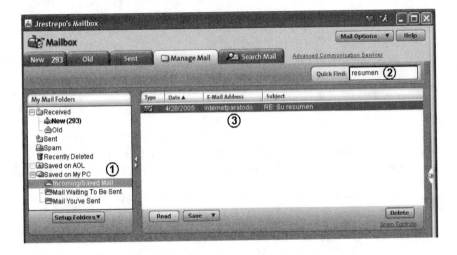

Siga estos pasos, guiándose por esta gráfica, para buscar mensajes de correo electrónico guardado en estas carpetas usando la función de buscar rápidamente o "Quick Find":

1. Primero haga clic en la carpeta en la cual desea buscar el mensaje que necesita. En este ejemplo hice clic sobre la carpeta de mensajes que recibí y AOL archivó en la carpeta de entrada o "Incoming Saved Mail".

2. Enfrente de buscar rápidamente o "Quick Find" escriba una palabra que se encuentre en el encabezamiento del mensaje que busca o en la dirección de correo electrónico, para este ejemplo escribí Resumen.

3. Ahora podrá ver, en el panel de la derecha, los mensajes en los cuales está la palabra relacionada con el mensaje que busca. Para abrir un mensaje en este panel, haga doble clic sobre él.

NOTA

Otra manera de buscar mensajes que envió o recibió recientemente, es haciendo clic sobre las dos pestañas o "Tabs", que ve después de abrir su buzón de correo electrónico; la de correo que ya leyó u "Old", o la de correo que envió u "Sent". A veces puede ser necesario usar las barras de adelantar o regresar páginas o "Scroll Bars", en este panel, para ver copias de mensajes que tal vez pueden estar escondidos.

Cómo enviar mensajes de correo electrónico usando Outlook Express

Outlook Express es un programa de correo electrónico para buzones del tipo POP3 o IMAP (como el proveído por compañías que ofrecen servicio de Internet por cable como por ejemplo Optimum Online), que viene incluido con el navegador Internet Explorer.

Los ejemplos que siguen fueron creados usando la versión 6 de Outlook Express, pero también los puede seguir si tiene una versión anterior de este cliente de correo electrónico.

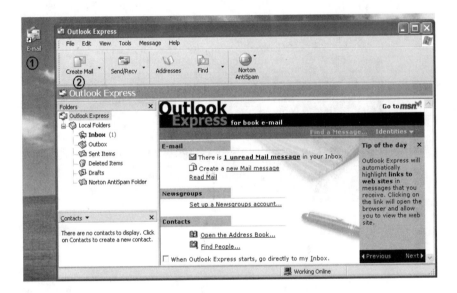

Estos son los pasos para componer un mensaje de correo electrónico, si tiene el tipo de correo POP3 o IMAP, ofrecido por su proveedor de servicio al Internet o ISP:

1. Primero haga doble clic sobre el icono de Outlook Express si éste está en el escritorio virtual o "Desktop", o solamente un clic si lo tiene que abrir desde el menú de comienzo o "Start Menu".

2. Cuando Outlook Express se abra, haga clic sobre crear correo o "Create Mail".

Si tiene Outlook Express 5 y desea conseguir la última versión de Outlook Express, sólo es necesario actualizar Internet Explorer a la versión 6.0, siguiendo las instrucciones delineadas en mi libro *Computadoras para todos.*

Cuando vea la siguiente gráfica, siga las instrucciones de la parte inferior de esta página para crear un mensaje electrónico y enviarlo.

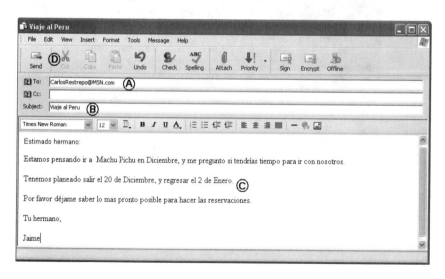

Siga los siguientes pasos mientras mira la gráfica anterior para crear correo electrónico usando Outlook Express:

A En esta casilla escriba la dirección electrónica de la persona que recibirá el mensaje electrónico; si desea enviar este mensaje a más de una persona, escriba una coma y después la dirección de la segunda persona que recibirá el mensaje.

B En esta casilla escriba el tema del mensaje.

C En el recuadro principal, escriba el mensaje.

D Finalmente haga clic sobre enviar o "Send". Ahora este mensaje será copiado a la carpeta de salida o "Outbox", y será enviado al intervalo de tiempo que Outlook Express envía y recibe mensajes. Si no desea esperar oprima la tecla de F5.

NOTA Para enviar y recibir mensajes de correo electrónico es necesario que su computadora tenga una conexión abierta al Internet. Por ejemplo si tiene servicio de Internet por cable, esta conexión siempre debe estar abierta mientras el módem de cable está prendido y conectado a su computadora. Ahora si tiene una conexión por línea de teléfono o "Dial-up", es preciso que se conecte al Internet, de lo contrario no podrá enviar o recibir mensajes.

Cómo recibir mensajes de correo electrónico usando Outlook Express

El proceso de recibir y leer mensajes que son enviados a su cuenta de correo electrónico es muy fácil de aprender.

Primero abra de nuevo Outlook Express, si lo cerró previamente, siguiendo las instrucciones de las páginas anteriores, para revisar si recibió nuevos mensajes en su buzón de correo electrónico.

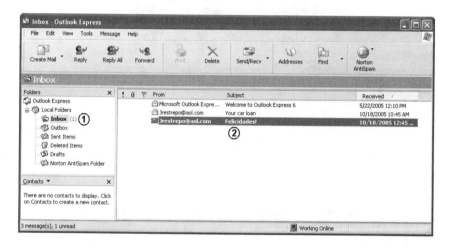

Una vez que Outlook Express se abra le será muy fácil recoger y leer los mensajes de correo electrónico, de la siguiente manera:

1. Primero haga clic sobre la carpeta de entrada a su buzón de correo electrónico o "Inbox" si éste no está seleccionado en este momento.

2. En el panel de la derecha verá los mensajes que recibió. Para abrir el mensaje que desee leer haga doble clic sobre él.

Si ve en este buzón de correo electrónico un mensaje de alguien que no conoce o uno con un encabezamiento ofensivo, lo puede borrar haciendo clic sólo una vez sobre él (si hace doble clic lo abrirá), y después haciendo clic sobre la "X" en la barra de herramientas.

Cuando abra un mensaje tendrá tres opciones para trabajar con él:

- Leer el mensaje y después contestarlo, haciendo clic sobre contestar o "Reply".
- Leer el mensaje y después cerrarlo. Ahora éste permanecerá guardado debajo del buzón de correo de entrada o "Inbox" hasta cuando decida borrarlo.
- Leer el mensaje y después borrarlo, haciendo clic en la "X" en la barra de tareas.

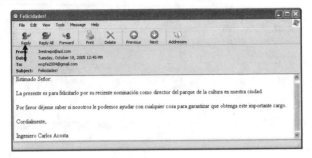

En este ejemplo hice clic sobre contestar o "Reply", y después la próxima ventana se abrió.

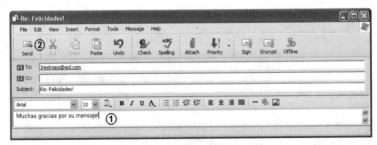

Esta es la manera de contestar a un mensaje de correo electrónico que recibió:

1. En el área de trabajo de esta ventana escriba su contestación.
2. Cuando termine de redactar su mensaje haga clic sobre enviar o "Send".

Si desea también puede esconder este mensaje haciendo clic en el símbolo de menos para regresar a la pantalla de entrada en Outlook Express, que también se puede hacer haciendo clic sobre el icono de Outlook Express en la barra de tareas o "Taskbar".

Cómo crear mensajes de correo electrónico fuera de línea o "Offline" usando el programa Outlook Express

Este programa de la compañía Microsoft se está convirtiendo en uno de los favoritos para enviar y recibir correo electrónico en los Estados Unidos.

La siguiente gráfica muestra el programa de correo Outlook Express.

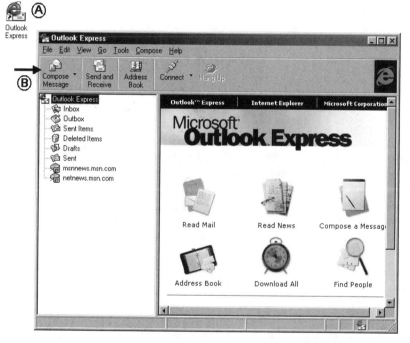

En la gráfica anterior verá cómo el proceso de crear mensajes electrónicos para enviarlos más tarde es muy simple:

A Primero coloque el indicador al símbolo de Outlook Express y haga clic dos veces para abrir este programa de correo electrónico. Cuando el programa le pregunte si desea conectarse a su proveedor de servicio al Internet, conteste "No".

B Ahora coloque el indicador a "Compose Message" (preparación del mensaje) y haga clic una vez para comenzar a escribir el mensaje.

Cuando vea la siguiente gráfica, siga las instrucciones para crear un mensaje electrónico que será enviado más tarde. Este procedimiento se puede repetir cuantas veces sea necesario para preparar y guardar varios mensajes y enviarlos todos a la vez.

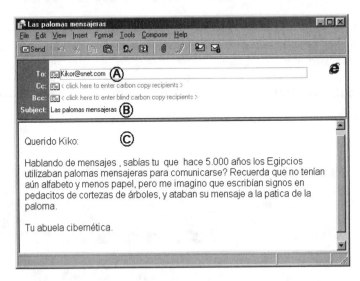

Siga los pasos de abajo mientras mira la gráfica anterior para crear correo electrónico usando Outlook Express:

Ⓐ En esta casilla escriba la dirección electrónica de la persona que recibirá el mensaje electrónico; si desea enviar este mensaje a más de una persona, escriba una coma y después la dirección de la segunda persona que recibirá el mensaje.

Ⓑ En esta casilla escriba el tema del mensaje.

Ⓒ En el recuadro principal, escriba el mensaje.

NOTA

Casi todos sus programas de correo electrónico tienen una función para preparar su mensaje o mensajes con anticipación, antes de conectarse a la red. Imagine que usted es un periodista que va a enviar su columna de periódico o revista por este medio y necesita no sólo redactar el artículo, sino esperar a tener una línea de teléfono a su disposición, porque está de viaje. En este caso, use la función de "Send Later" para enviar el mensaje la próxima vez que entre a su servicio en línea.

Ahora siga la siguiente gráfica para guardar este mensaje y enviarlo la próxima vez que establezca una conexión con su proveedor de servicio al Internet.

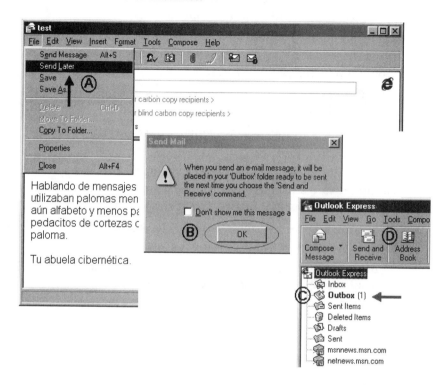

Mire la gráfica anterior y siga los siguientes pasos para guardar este mensaje en su disco duro con el fin de enviarlo más tarde:

Ⓐ Primero coloque el indicador a "File" y haga clic sobre "Send Later".

Ⓑ Ahora recibirá el aviso que este mensaje será guardado en la casilla de salida de su buzón electrónico para ser enviado más tarde.

Ⓒ A continuación puede ver cómo en frente de "Outbox" aparece el número uno, el cual representa un mensaje listo para ser enviado la próxima vez que establezca una conexión al Internet. Si tiene dos mensajes para enviar, aparecerá el número dos y así sucesivamente.

Ⓓ La próxima vez que establezca una conexión al Internet y abra Outlook Express, haga clic sobre "Send and Receive", para enviar los mensajes que están en su "Outbox".

Para recordar

- El correo electrónico convierte a su computadora en un mensajero de servicio postal virtual.

- Para usar el correo electrónico, sólo es necesario tener una dirección de correo y tener acceso a una computadora con un módem o una conexión al Internet a través de una red local.

- Outlook Express es uno de los programas de correo que más auge está tomando hoy en día.

- No abra nunca un mensaje si viene de personas o entidades desconocidas.

- Cuando usted está utilizando el correo electrónico, está usando no sólo su servicio de Internet, sino también su línea telefónica a menos que utilice un servicio por cable o DSL.

- El programa de correo electrónico Outlook Express viene incluido con Internet Explorer 6.0.

- La cuenta de POP3 es uno de los tipos de cuenta de correo electrónico más comunes con las cuales trabajan los proveedores de servicio de Internet.

Las páginas principales o "Home Pages" y las personales

Una página principal o "Home Page" es la página virtual de entrada al servidor Web de una compañía, un país o una organización sin fines de lucro.

Por contra, cuando usted lea el término "páginas personales" se refiere al tipo de página virtual publicada por individuos para expresar sus diferentes puntos de vista o enviar noticias sobre ellos a sus familias. La página personal es como una vitrina virtual que le permite comunicar al resto del mundo, o a un número reducido de personas con intereses similares a los suyos, sus pensamientos, actividades o sueños. Ésta puede ser vista, a menos que sea una página privada, por casi todos los usuarios que tienen servicio de Internet alrededor del mundo.

Tanto en una página principal como en una personal se pueden combinar texto, fotografías y sonidos. Las únicas limitaciones son el tiempo, el espacio y los recursos de *software* que posea para crear esta página.

En inglés se hace muy poca distinción entre la página virtual de IBM (una página profesional), y la página virtual que crearé más adelante en este capítulo para hablar del primer libro que terminé en 1996, acerca de cómo usar computadoras en general. Es decir, que en inglés ambas son simplemente "Home Pages".

Los servicios en línea más conocidos, como America Online y MSN, le permiten publicar su página virtual como parte de su servicio ilimitado.

En lo que se refiere a los proveedores del servicio de Internet o "ISPs", los requisitos para tener una página virtual varían de proveedor a proveedor.

Algunos servidores le permiten tener 5 o más MB como parte de su servicio de tiempo ilimitado y otros le cobran extra por tener una página virtual.

También existen compañías, como Tripod, que le permiten crear una página personal de manera totalmente gratuita.

La página principal del servidor Web de la revista *Latina*

A pesar de haber salido a la circulación hace sólo algunos años, esta revista es muy popular en los Estados Unidos.

La dirección virtual o "URL" de la revista *Latina* es *http://www.latina .com.*

En la siguiente gráfica puede ver la página principal del servidor Web de la revista *Latina.*

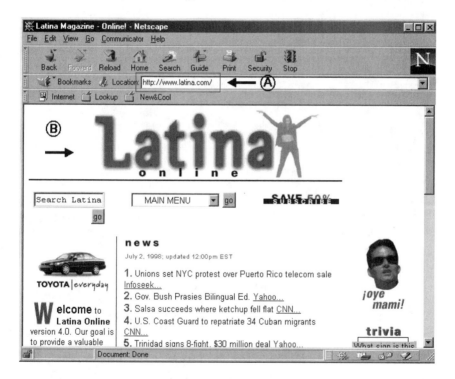

En la gráfica anterior puede ver, siguiendo las letras en mayúsculas, los siguientes pasos:

Ⓐ Esta es la dirección virtual en que se puede encontrar esta página principal.

Ⓑ Este símbolo o logotipo quiere decir que está al nivel de la página de entrada a este servidor Web.

La siguiente gráfica ilustra la página personal de Evelyn Gallardo, una escritora de libros para niños y fotógrafa de animales salvajes.

El "URL" de la página personal de Evelyn Gallardo es *http://www. evegallardo.com*.

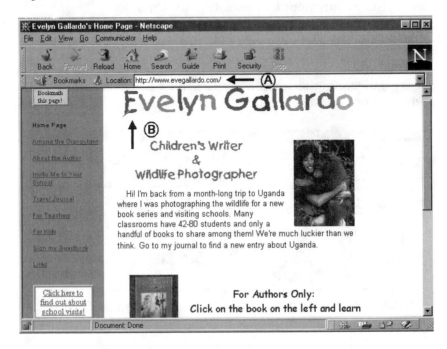

En la gráfica anterior puede ver:

Ⓐ La dirección virtual, o "URL", en que se puede encontrar esta página personal.

Ⓑ Este símbolo o logotipo quiere decir que está al nivel de entrada a esta página personal.

Hoy en día existen muchos sitios Web que le permiten crear páginas Web sin costo alguno, como por ejemplo el sitio Web de Tripod (en el cual más adelante en este libro aprenderá a abrir una cuenta) y el de *Myspace.com*.

Cómo crear una página personal

Una página personal, por ser una ventana que habla de usted al mundo, debe contar con suficiente información como para permitir a quienes la visiten enterarse del propósito de la página tan pronto como entran a ella.

La siguiente gráfica ilustra de nuevo la página personal de Evelyn Gallardo, una escritora de libros para niños y fotógrafa de animales salvajes.

En esta página personal puede ver los elementos principales de una página personal:

Ⓐ El título. Este puede ser su nombre personal o cualquier otro nombre que pueda servir de referencia para las personas a quienes esté dirigida su página.

Ⓑ El objetivo de la página, o solamente referencia a la información personal.

Ⓒ La lista de los enlaces que usted recomiende.

Ⓓ Su dirección electrónica, para que de esta manera las personas que estén interesadas en ponerse en contacto con usted puedan hacerlo.

Cómo crear una página personal en el sitio Web de Tripod

En este capítulo aprenderá cómo hacer una página personal totalmente gratis usando el sitio Web de una compañía llamada Tripod, la cual le permite usar hasta 50 MB de información totalmente gratis.

La forma como Tripod puede ofrecer espacio gratuito en sus páginas, es colocando anuncios comerciales en todas las páginas virtuales, para de esta manera subsidiar el costo de compra de equipos y mantenimiento.

Uno de los únicos requisitos para crear una página virtual con este servicio es tener una dirección de correo electrónico; Tripod solo le permite tener una cuenta de usuario por cada dirección de correo electrónico.

Para este ejemplo el autor creó una página personal hablando de su próximo libro, con el objeto de darlo a conocer a aquellas personas que puedan estar interesadas en familiarizarse con los diferentes componentes de una computadora de uso personal y demás aspectos importantes sobre el uso de una computadora.

Si está interesado en crear una página personal, siga estas instrucciones y solamente cambie la información en la página que se da como ejemplo.

En la página siguiente aprenderá la forma como puede conseguir que una compañía, llamada Mystic Color Labs, le ayude a pasar sus fotografías a un medio digital. De esta manera le será posible añadir fotografías a su página personal.

Cómo copiar fotografías a su disco duro

Uno de los elementos más comunes de una página personal es una fotografía de la persona a la cual pertenece la página, o de un producto que esté tratando de promover; si se trata de algo más abstracto, puede escoger un símbolo, como sería por ejemplo una paloma para una campaña por la paz.

Estas son cuatro de las maneras de copiar una fotografía a una computadora:

- Tomar una fotografía que ya existe y usar un "scanner" para pasarla a un disco.
- Usando una cámara digital.
- Recibiendo la fotografía en un mensaje de correo electrónico.
- Tomando fotos con una cámara corriente y enviándolas a una compañía especializada que las revelará y convertirá a un formato digital.

Para usar la última opción, envíe el rollo a la compañía Mystic Color Labs. Para usar este servicio llame al teléfono 1-800-367-6061 y solicite los sobres especiales para enviar sus rollos o fotografías.

La dirección virtual de Mystic Color Lab es: *http://www.mysticcolorlab.com/*.

Cómo registrarse con Tripod para hacerse socio de este sitio Web

Tripod es una compañía que le permite crear páginas personales sin cargo alguno; ellos se cobran poniendo anuncios comerciales en su página, ya que los negocios que anuncian en esta compañía son los que cubren el costo del servicio.

Para comenzar a usar Tripod establezca una conexión al Internet; después abra su navegador y diríjalo a la siguiente dirección virtual: *http://www.tripod.com.*

Cuando el navegador le muestre la siguiente gráfica, haga clic sobre "Sign Up now for 50MB of FREE space!".

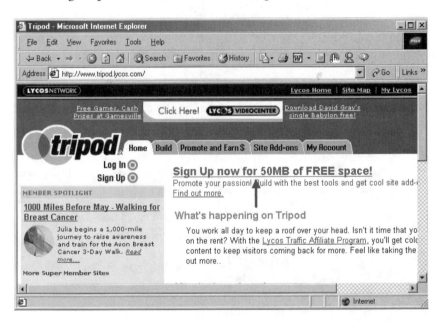

La dirección virtual de este sitio Web es *http://www.tripod.com.*

Ahora puede comenzar el proceso de conseguir una membresía de Tripod. Ésta le permitirá entrar a ese servidor Web y publicar una página virtual de hasta 50 MB.

La siguiente gráfica le pide que seleccione un nombre de usuario y una contraseña.

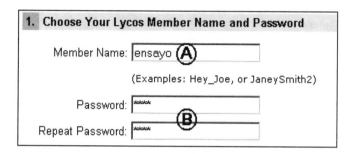

Conteste las preguntas del recuadro anterior, de la siguiente manera:

Ⓐ **En esta línea escriba el nombre de usuario que desea usar. Si éste no está disponible, el programa le sugerirá que elija uno diferente.**

Ⓑ **En esta línea escriba la contraseña que desea usar con números o letras.**

Use la tecla "Page Down" para ver el resto de esta página.

En el recuadro anterior trate de llenar el mayor número de estas casillas con su información personal; después use la tecla "Page Down" para continuar.

Ahora puede ver el contrato de uso con Tripod; estar de acuerdo con esto es uno de los requisitos necesarios para conseguir una membresía en este sitio Web.

La siguiente gráfica representa el final de la página para registrarse.

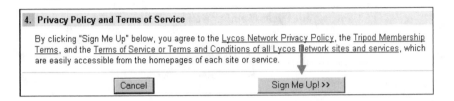

Para continuar, haga clic sobre "Sign Me Up!".

Ahora puede ver en la siguiente gráfica la primera pantalla que verá cuando termine de registrarse para usar Tripod. Para comenzar este ejemplo de crear una página personal, haga clic sobre "Site Builder".

El proceso de crear una página personal en Tripod

Ahora puede crear una página personal que puede ser bastante elaborada como para promoverse como profesional o una que solo habla de sus "hobbies". También puede tomarse todo el tiempo que quiera en terminarla, es decir puede regresar a ésta cuantas veces quiera y añadir mas información cada vez que la visite.

Puede ver en la siguiente gráfica que ésta lo invita a comenzar su página personal.

Para comenzar a crear su página personal, haga clic sobre "Start Building".

Ahora puede ver en la siguiente gráfica el próximo recuadro que verá; éste le pregunta qué clase de sitio Web desea crear.

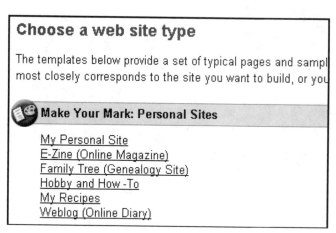

En el recuadro anterior haga clic sobre "My Personal Site" para crear una página personal.

Una página personal puede tener varios tipos de diseños; en estas páginas aprenderá a usar uno de los diseños disponibles en este sitio de Tripod.

Ahora puede ver en la siguiente gráfica, que es necesario darle un nombre a su página personal.

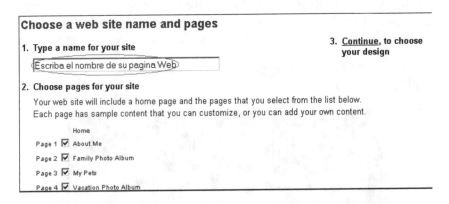

Escoja el nombre de su página Web colocando el indicador en la casilla de "Type a name for your site" y haciendo clic; ahora escoja un título que describa el propósito de su página personal. Para continuar haga clic sobre "Continue" y después escoja el tipo de diseño que desea usar.

Cuando escoja el título de su página personal puede usar su nombre o el de una causa en la cual usted esté particularmente interesado. Por ejemplo: Rincón de Poetas Latinoamericanos; Amigos del Medio Ambiente, etcétera. Recuerde que si por ejemplo crea una página personal con noticias de su familia, ésta podrá ser visitada por familiares suyos en otros países.

En la siguiente gráfica puede ver el recuadro de escoger el tipo de diseño que desea usar para su página personal.

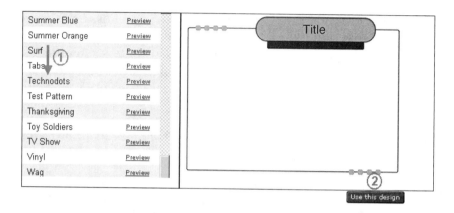

Trabaje con el recuadro anterior de la siguiente manera:

1. Coloque el indicador sobre el tipo de diseño que desea usar y haga clic sobre él. Si desea puede tratar varios tipos de diseño que quiera revisar previamente para ver si le gustan, haciendo clic sobre la palabra "Preview" que está al lado de cada uno de estos nombres. Si un diseño no le gusta, use la tecla "Backspace" para regresar a esta página y siga tratando hasta que encuentre el que desea usar.

2. Una vez que encuentre el tipo de diseño que desea usar en su página personal, haga clic sobre "Use this design".

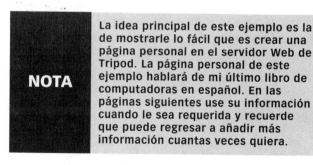

NOTA La idea principal de este ejemplo es la de mostrarle lo fácil que es crear una página personal en el servidor Web de Tripod. La página personal de este ejemplo hablará de mi último libro de computadoras en español. En las páginas siguientes use su información cuando le sea requerida y recuerde que puede regresar a añadir más información cuantas veces quiera.

Cómo trabajar con los módulos en una página personal

Una página personal consiste en una serie de módulos. Estos comprenden el mensaje que usted quiere dar al visitante de su página personal, y algunos módulos también pueden contener fotografías. En Tripod cada uno de estos módulos tiene texto sugerido y un botón virtual llamado "Edit", que le ayudará a cambiar el texto sugerido a uno que usted desee usar.

En la siguiente gráfica puede ver como trabajar en uno de los módulos en su página personal.

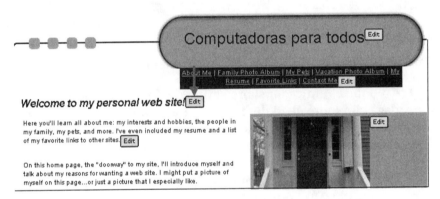

La manera de trabajar con cada uno de estos módulos es la siguiente:

1. Seleccione el módulo con el cual desea trabajar. En este ejemplo "Welcome to my personal web site!".

2. Después haga clic sobre la palabra "Edit" que está a la derecha del módulo con el que desea trabajar.

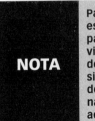

NOTA

Para crear esta página personal a veces es necesario usar la tecla "Page Down", para poder ver el resto de la página virtual en la cual está trabajando. Es decir que si el ejemplo que está siguiendo en este capítulo no aparece desde el primer momento en su navegador, debe utilizar esta tecla para acabar de ver el resto de la página.

Cómo añadirle texto a su página personal en Tripod

Ahora puede añadir texto para exponer la idea principal de su página personal, o añadirle una fotografía a su página personal. Recuerde que el orden de crear una página personal no es tan vital y que si cambia de idea acerca de algo puede regresar a corregirlo después.

El siguiente recuadro le ayudará a entender cómo reemplazar el texto sugerido de este módulo en su página personal.

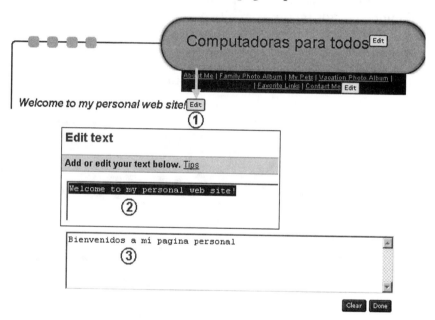

Por ejemplo, para cambiar el saludo sugerido de "Welcome to my personal web site!" al saludo de su página personal hágalo de la siguiente manera:

1. Haga clic sobre "Edit", al lado del texto sugerido.
2. Ahora seleccione todo este texto, colocando el indicador sobre una de estas palabras y usando la combinación CTRL+A.
3. Finalmente escriba el saludo que desea usar para su página personal.
4. Para terminar haga clic sobre "Done".

En la siguiente gráfica puede ver el saludo que eligió ("Bienvenidos a mi página personal"), el cual reemplazó el texto sugerido y aparece en su página personal.

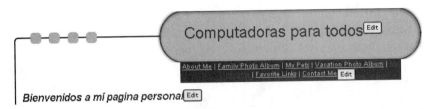

Siga los mismos pasos de la página anterior para añadir texto a cada uno de estos módulos, repitiendo los mismos pasos, antes de publicar su página Web.

En la página personal de la siguiente gráfica, puede ver que ésta solamente tiene un cambio y este cambio es el mensaje de bienvenida.

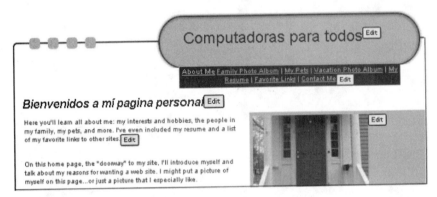

Ahora puede cambiar todos los demás módulos que componen esta página personal de la misma manera, hasta que ya esté contento con los resultados.

Cómo borrar un módulo
que no desea usar

Como pudo ver anteriormente, esta página personal consiste de una serie de módulos y cada uno de estos tiene un texto sugerido en inglés. Si no desea usar uno de estos módulos lo debe borrar, ya que de lo contrario éste aparecerá también en su página personal cuando decida publicarla.

En la siguiente gráfica puede ver el proceso de quitar uno de estos módulos de su página personal.

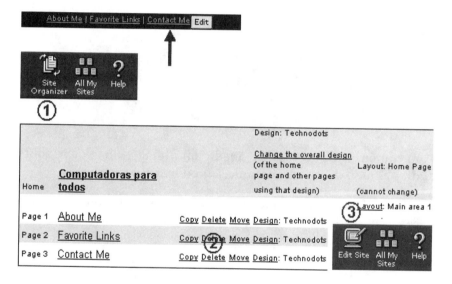

Por ejemplo, si desea borrar el módulo "About Me" de su página personal, lo puede borrar de esta manera:

1. Haga clic sobre "Site Organizer"; ahora el navegador cambiará a esta página anterior.

2. Busque el nombre del módulo que desea borrar, en este caso "About Me", y después haga clic sobre la palabra "Delete" enfrente de éste.

3. Ahora haga clic sobre "Edit Site" para regresar a trabajar en su página personal.

Cómo añadirle una imagen a su página personal en Tripod

También es posible añadir una imagen a su página personal; para terminar esta operación es necesario saber localizar la imagen que quiere agregar del disco duro a su página personal. Tripod sólo acepta archivos del tipo GIF o JPG, por el hecho de que estos toman mucho menos espacio en un disco duro.

En la siguiente gráfica puede ver la imagen sugerida, ahora la puede cambiar a una de su preferencia.

Para comenzar el proceso de añadir una imagen, haga clic sobre "Edit", al lado de esta gráfica que Tripod le dió a sugerir.

En la siguiente gráfica puede ver cómo buscar la fotografía que desea usar, para añadirla a su página personal.

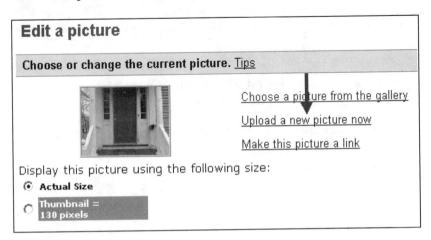

En el recuadro anterior haga clic sobre "Upload a new picture now".

Cuando hace clic sobre "Upload a new picture now", el siguiente recuadro se abrirá para ayudarle a encontrar la gráfica que desea usar para su página personal.

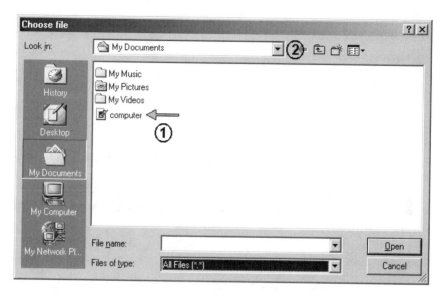

Escoja el archivo que representa la fotografía que desea usar de la siguiente manera:

1. Coloque el indicador sobre el nombre del archivo que desea usar y haga clic dos veces para seleccionarlo.

2. Si el archivo que desea abrir no está en la ventana de "My Documents", haga clic sobre esta barra para buscarla en otra parte del disco duro.

En la siguiente gráfica puede ver el proceso final para copiar esta fotografía al servidor Web de Tripod.

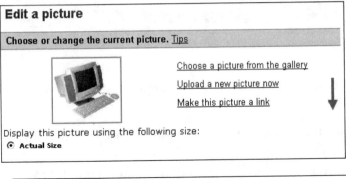

Para copiar esta fotografía al servidor de Tripod, haga clic sobre "Done".

En la siguiente gráfica puede ver cómo su fotografía fue copiada sin ningún problema.

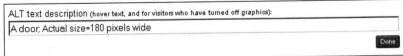

Finalmente use la tecla "Page Down" para ver el resto de esta pantalla. Para usar esta fotografía sólo es necesario hacer clic sobre "Done". Cuando regrese a su página personal, podrá ver la fotografía que subió al servidor Web de Tripod.

Cómo regresar a su página personal para hacer más cambios

Este proceso de crear una página personal le puede tomar algún tiempo en terminar y por esto puede que necesite regresar muchas veces al servidor de Tripod para hacerle más cambios a su página personal, hasta que ya crea que esté lista para ser publicada y ser vista por todas las personas que sepan de ella.

En la siguiente gráfica puede ver de nuevo la pantalla de entrada a Tripod, en la dirección virtual *http://www.tripod.com*.

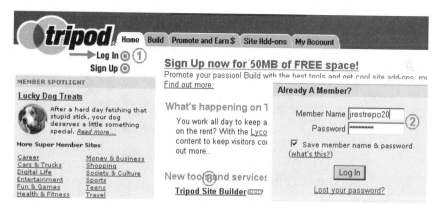

Para entrar a hacer cambios a su página personal, es necesario regresar a Tripod de la siguiente manera:

1. Una vez que su navegador le muestre esta pantalla anterior, haga clic sobre "Log In".

2. Ahora en esta página escriba su nombre de usuario y su contraseña y haga clic sobre "Log In".

En la próxima pantalla elija la página personal que desea abrir; en este ejemplo sólo puede ver la página del libro *Computadoras para todos*.

Esta gráfica le ayudará a completar este proceso de regresar a su página personal.

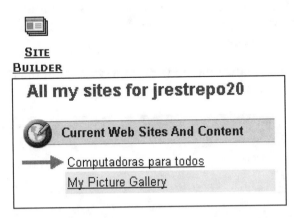

Estos son los pasos para regresar a su página personal:

1. Ahora haga clic sobre "Site Builder".
2. En la próxima página haga clic sobre el nombre que eligió para su página personal, en este caso es "Computadoras para todos".

Ahora puede ver en la siguiente gráfica cómo esta página personal abrirá de nuevo.

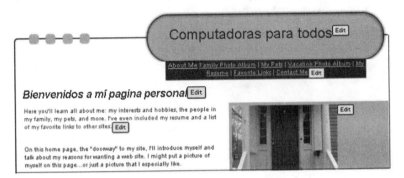

Ahora puede continuar haciendo más cambios y finalmente publicar su página.

Cómo publicar su página personal

Todo este proceso que vió acerca de crear una página personal le permite crear una página personal que resida en el sitio de Tripod. Pero hasta ahora no le ha dado el permiso a este sitio para que deje que alguien más la vea. Una vez que desee que el resto del mundo la vea es necesario que la publique.

La siguiente gráfica ilustra el proceso de publicar una página personal. Para comenzar este proceso, haga clic sobre "Publish Site".

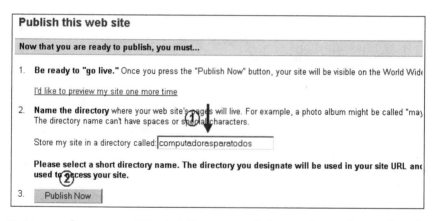

Estos son los pasos para publicar una página Web en el servidor de Tripod:

1. Revise este nombre; este será el nombre que Tripod usará para guardar su página personal.
2. Finalmente haga clic sobre "Publish Now".

Ahora puede ver el próximo mensaje en el cual le certifican que su página personal es accesible al resto del mundo.

Congratulations! Your web site has been published.

Visitors can find it at this location (URL): **http://jrestrepo20.tripod.com/computadorasparatodos/**

En este mensaje puede ver la dirección virtual o "URL", en este ejemplo *http://jrestrepo20.tripod.com/computadorasparatodos/,* que debe dar a las personas que desee que visiten su página personal.

La siguiente gráfica representa la página personal que hice para este libro.

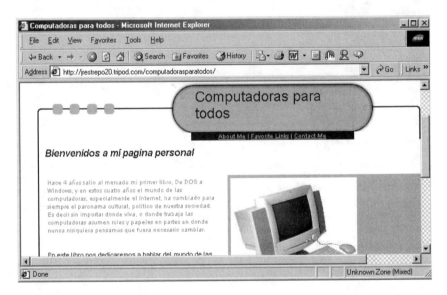

Esta página será accesible desde cualquier computadora que tenga acceso al Internet, siempre y cuando ésta tenga la dirección virtual *http://jrestrepo20.tripod.com/computadorasparatodos/* enfrente de "Address" en un navegador.

Para recordar

- Una página principal ("Home Page") es la página virtual de entrada a un servidor Web de una compañía, un país o una organización sin fines de lucro.

- Las páginas personales son publicadas por individuos para expresar sus diferentes puntos de vista o enviar noticias sobre ellos o sus familias.

- Tripod es un servicio que le permite crear una página personal de manera totalmente gratuita.

- El requisito más importante para conseguir una membresía con Tripod es tener una cuenta de correo electrónico.

Recomendaciones de seguridad

9

El Internet y las consideraciones sobre contenido y seguridad que este medio crea

El Internet es el conglomerado más grande de computadoras que existe en el mundo y hoy en día millones de personas entran a él como parte de su rutina cotidiana. La mayoría de ellas lo hacen con fines lícitos: para usarlo como una herramienta más en su trabajo o como un medio extraordinario para ampliar sus conocimientos. Pero en la misma forma como ha sucedido con otros grandes inventos del hombre, hay personas malintencionadas que lo usan para conseguir información acerca de instituciones y gobiernos de manera ilegal, con propósitos criminales. Este tipo de usuario del Internet se llama un "hacker".

El Internet es, como ya he dicho varias veces, la mayor red de computadoras y de usuarios que ha existido hasta ahora; en ella encuentra usted, como en el cine o la televisión, al mismo tiempo que información útil e instructiva, gran cantidad de basura.

Por esta razón es siempre importante la supervisión de los padres, cuando los niños menores de edad hagan uso del Internet.

En esta páginas aprenderá cómo controlar el contenido de lo que sus pequeños pueden ver en el Internet. Insisto que estas sugerencias no deben ser tomadas como definitivas, es posible que debido al tipo de acceso que usted usa para conectarse al Internet no pueda utilizarlas. En ese caso, siga buscando, primero con su servidor de Internet y luego con familiares y amigos que puedan sugerirle otras medidas de seguridad.

En las páginas siguientes los maestros y padres de familia encontrarán información acerca de Net Nanny, un programa que está siendo promovido por la compañía Microsoft. Si decide usar este programa, úselo a sabiendas de que ningún programa es cien por ciento efectivo y nada puede reemplazar la presencia de un adulto responsable. Lo único que es ciento por ciento efectivo es desconectar la línea de teléfono. Precisamente en el servidor Web de Infosel (un servicio en línea muy usado en México) anuncian un dispositivo que al ser instalado impide usar su línea de teléfono cuando usted así lo desée.

Qué puede hacer para controlar el contenido que miembros de su familia pueden ver mientras usan el Internet

Una de las consideraciones más importantes para un padre de familia que pretende mantenerse al día con esta tecnología es asegurarse de que sus hijos estén protegidos en lo que se refiere al contenido de lo que pueden recibir mientras usan el Internet.

La realidad es que se puede tratar, pero nada reemplaza, como dije antes, la presencia del padre o de la madre para asegurarse de que el contenido de lo que sus hijos ven en el Internet sea apropiado para su edad.

America Online dedica mucho tiempo y recursos a permitir a sus usuarios controlar el contenido de lo que los menores de edad pueden ver. Si tiene este servicio en línea, lea las indicaciones de cómo agregar usuarios a su cuenta y cómo controlar el contenido que estos usuarios pueden ver mientras usan las diferentes áreas de este servicio en línea y también el Internet.

Si usa un proveedor de servicio al Internet (como AT&T WorldNet o inclusive MSN) y usa Internet Explorer 6.0, lea la sección de "Ratings", o calificaciones, para aprender cómo controlar el contenido que los miembros de su familia pueden ver mientras visitan servidores Web a través del Internet.

También es importante que se fije mucho con quién hablan sus menores en los salones de conversaciones o "chat rooms", porque se han dado casos de personas que buscan a menores de edad para encontrarse con éstos en persona.

El programa Net Nanny

Este es uno de los programas que le pueden ayudar a controlar el contenido al alcance de los miembros menores de edad de su familia mientras usan el Internet.

Este programa se puede comprar directamente en el servidor Web de esta compañía, visitando la dirección virtual, o "URL": *http://www.netnanny.com.*

El autor de este libro no garantiza que este programa resuelva todas sus inquietudes acerca del contenido que miembros de su familia pueden encontrar mientras usan el Internet. Lo más importante acerca de él es el respaldo de la compañía Microsoft, que está promoviéndolo y que seguramente seguirá perfeccionándolo a medida que la demanda aumente. Por ese motivo, pienso que es una buena solución en este momento, siempre que se utilice de la manera correcta.

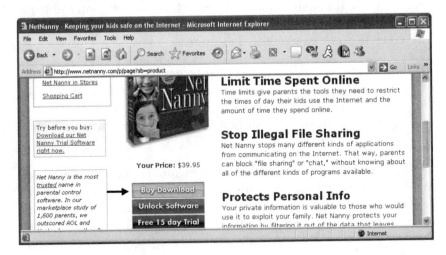

Una vez que abra la pagina Web del servidor de Net Nanny, haga clic encima de bajar o "Buy download" para comprarlo y después bajarlo a su computadora.

Cómo controlar el contenido de lo que se puede ver cuando usa Internet Explorer 6.0

Si tiene servicio de acceso al Internet a través de un ISP y usa este navegador, es posible cambiar las preferencias para permitir o negar la entrada a servidores Web, conforme a las preferencias en su sección de contenido.

Este sistema de control requiere que servidores Web a través del Internet se adhieran a este sistema de clasificación; por esta razón, le impide que visite servidores Web que no estén afiliados a este sistema de clasificación creado por Microsoft. Esto puede impedir que usted visite otros servidores Web que ofrecen solamente información de muchos temas de interés general, si todavía no se han adherido a este sistema de clasificación.

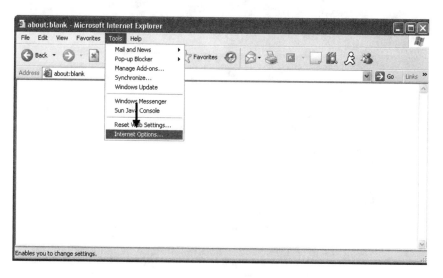

Para cambiar la configuración de los controles, primero abra Internet Explorer 6.0, después haga clic sobre "View"; finalmente, haga clic sobre "Internet Options".

Cuando vea la siguiente pantalla, coloque el indicador sobre "Content" y haga clic una vez.

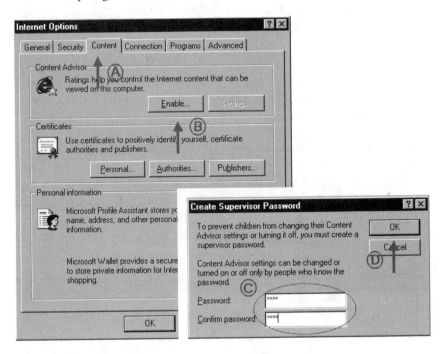

Cuando vea el recuadro anterior, trabaje con él para configurar el sistema de control que usará mientras utiliza este navegador:

Ⓐ Cuando la pantalla de preferencias se abra, coloque el indicador a "Content" (contenido) y haga clic una vez.

Ⓑ Ahora coloque el indicador a "Enable" (permitir) y haga clic una vez.

Ⓒ Este recuadro es para escribir su contraseña, la cual le permitirá administrar las clasificaciones ("ratings"). Escriba la contraseña que desea usar en la primera casilla y después repítala en la segunda (la contraseña puede ser cualquier palabra o sucesión de números que usted escoja y que le sea fácil recordar).

Ⓓ Finalmente, haga clic sobre "OK" para comenzar el proceso de clasificación de los servidores Web que desea visitar.

Control del contenido mediante Internet Explorer 6.0

La siguiente gráfica muestra cómo entrar al programa de clasificación de servidores Web de Internet Explorer 6.0.

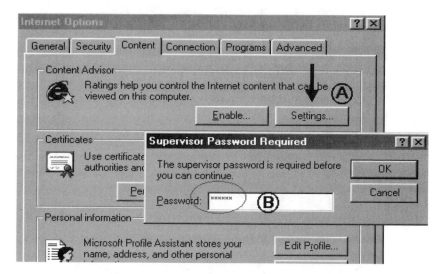

Para configurar el sistema de control, mire la gráfica anterior y siga estos pasos:

- **Ⓐ** Primero coloque el indicador a "Settings" (criterio) y haga clic una vez.

- **Ⓑ** Ahora escriba en esta casilla en blanco la contraseña que eligió en la página anterior. Una vez escrita esta contraseña, haga clic sobre "OK" para continuar a la parte de cambiar el sistema de clasificación de este navegador.

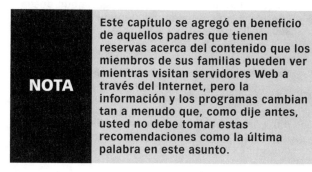

NOTA Este capítulo se agregó en beneficio de aquellos padres que tienen reservas acerca del contenido que los miembros de sus familias pueden ver mientras visitan servidores Web a través del Internet, pero la información y los programas cambian tan a menudo que, como dije antes, usted no debe tomar estas recomendaciones como la última palabra en este asunto.

Ahora puede ver en la siguiente gráfica el asesor de contenido de Internet Explorer 6.0. Utilizándolo podrá controlar la calidad del contenido de la información que los miembros de su familia pueden ver sin problema, según su criterio, mientras visitan servidores Web.

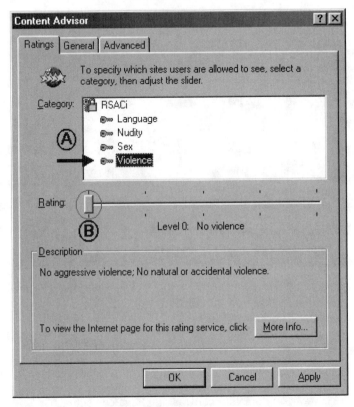

Siga estos pasos mirando la página de arriba para usar el siguiente sistema de clasificación o categorías:

Ⓐ Coloque el indicador sobre la categoría que desea controlar, en este ejemplo "Violence" y haga clic sobre ella.

Ⓑ Ahora coloque el indicador sobre la barrita señalada en el círculo y oprima el botón izquierdo del ratón para controlar el nivel máximo de violencia que un usuario podrá ver utilizando este navegador. Si mueve la barrita hacia la izquierda, solo podrá visitar servidores Web con poca o ninguna violencia; si la mueve hacia la derecha, el navegador permitirá visitar servidores Web con contenido más violento.

Cómo crear nombres de usuarios adicionales en AOL

America Online parece ser una de las compañías que está gastando más tiempo y recursos con el objetivo de asegurar que el contenido de su servicio en línea sea apropiado para las familias; pero esto sólo funciona si se siguen al pie de la letra todos los pasos para cambiar la configuración de este servicio.

Una de las maneras de controlar el contenido en AOL es crear nombres de usuarios adicionales, con diferentes niveles de acceso a los servicios que ofrece AOL, como es, por ejemplo, el uso del Internet. En esta forma es posible inclusive evitar que otras personas que utilizan su computadora tengan acceso al Internet mientras utilizan AOL. Para usar este nivel de servicio es necesario tener una versión de AOL de al menos 3.0.

Para agregar un usuario nuevo a su cuenta de AOL, primero abra su programa de AOL.

Haga clic en la barra de direcciones, después de abrir y entrar en America Online, para abrir el panel de trabajar con nombres de usuarios o "Screen Names" en AOL:

1. Haga clic en la barra de direcciones y después escriba "screen names".

2. Ahora oprima la tecla de confirmar o "Go" para ver el recuadro que le permitirá pedirle a AOL que le muestre la opción de añadir más nombres a su cuenta de America Online.

Es importante recordar que para añadir otro nombre de usuario es necesario que usted entre a AOL usando una cuenta de usuario principal o "Master screen name". De lo contrario, no le será posible añadir otro nombre de usuario a su cuenta de America Online.

Ahora le será posible añadir nombres de usuarios o "Screen Names" adicionales, de los cuales cada cuenta de America Online puede tener hasta un máximo de siete.

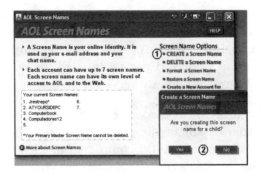

Siga estos pasos cuando el panel de trabajar con cuentas de usuarios o "Screen Names" se abra, guiándose por esta gráfica para comenzar a añadir cuentas en AOL:

1. Primero haga clic sobre crear nombre de usuario o "Create a Screen Name".

2. En la próxima ventanita debe hacer clic sobre sí o "Yes" si está creando esta cuenta para un menor de edad; de lo contrario haga clic sobre "No".

Si hizo clic sobre sí o "Yes", será necesario que también haga clic sobre continuar o "Continue", y después sobre añadir cuenta de usuarios o "Create a Screen Name".

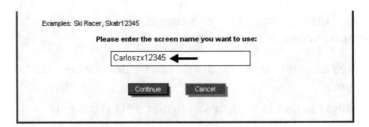

Cuando vea la casilla de arriba, que es un poco diferente si este nombre de usuario o "Screen Name" no es para un menor de edad, escriba el nombre de usuario que desea crear, haciendo clic en el espacio señalado por la flecha, y después haga clic sobre continuar o "Continue". Si alguien ya ha pedido el nombre de usuario o "Screen Name" que desea usar, America Online le ayudará a escoger otro diferente.

En el próximo panel que abre, es preciso crear una contraseña para prevenir que este nombre de usuario o "Screen Name" sea usado por otra persona.

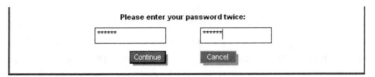

Ahora escriba la contraseña que desee usar, primero en la casilla de la izquierda y después en la de la derecha (ésta debe constar de un mínimo de 6 caracteres, los cuales pueden ser letras o números). Después haga clic sobre continuar o "Continue".

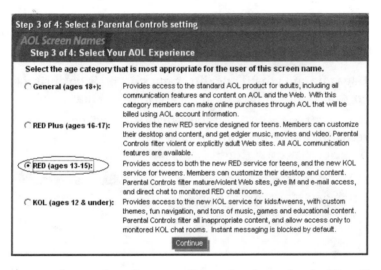

En este panel que abre, le es posible seleccionar la clasificación de este nuevo usuario de acuerdo a su edad. Por ejemplo, si éste es un adolescente de 16 años haga clic sobre "Red Plus". Si se trata de un menor de 11 años elija "KOL" (este le permitirá acceso a algunos servidores Web y a las áreas para niños en AOL). Si es mayor de edad puede elegir "18+", para que este usuario no tenga ningunas restricciones mientras usa el Internet. Para terminar, haga clic en continuar o "Continue", y después haga clic en aceptar esta selección o "Accept Controls" para terminar de configurar los permisos para este nuevo usuario.

Cómo cambiar la configuración de contenido en su cuenta de AOL

Si más adelante decide cambiar las preferencias de contenido de uno de los nombres de usuario o "Screen Names" para permitir que una de las personas que comparte su cuenta de AOL tenga acceso menos restringido al Internet, lo puede hacer visitando la sección de controles para padres o "Parental Controls".

Siga estos pasos, guiándose por esta gráfica, para abrir el panel de controles para padres o "Parental Controls" en su cuenta de AOL:

1. Haga clic en la casilla de direcciones después de abrir y entrar en America Online, y después escriba "Parental Controls".

2. Ahora oprima la tecla de confirmar o "Enter" para ver el recuadro que le permitirá trabajar con los controles para padres o "Parental Controls".

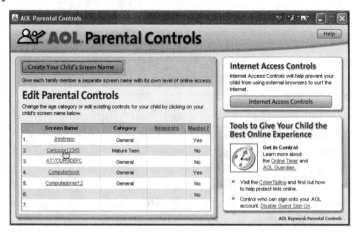

Cuando el panel de controles para padres o "Parental Controls" abra, haga clic sobre el nombre de usuario o "Screen Name" cuyos permisos quiera cambiar. En este ejemplo hice clic sobre el nombre de usuario Carloszx12345, que creé anteriormente.

En la gráfica de abajo puede ver el recuadro de controles de contenido para el nombre de usuario o "Screen Name" que escogió previamente.

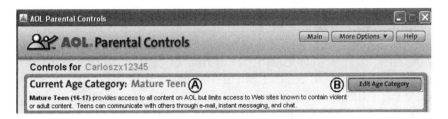

Siga estos pasos, guiándose por esta gráfica, para hacer cambios a la categoría de edad o "Age Category" a un nombre de usuario en el panel de controles para padres o "Parental Controls":

Ⓐ Este es el nivel actual de permisos para este usuario; adolescente maduro o "Mature Teen", recomendable para adolescentes entre 16 y 17 años.

Ⓑ Haga clic sobre editar la categoría de edad o "Edit Age Category" para asignar una edad diferente al nombre de usuario cuyo nombre está al frente de controles o "Controls for".

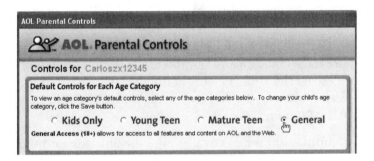

Ahora haga clic sobre la edad apropiada, en este ejemplo "General", para que la persona que usa este nombre de usuario pueda usar America Online sin ninguna restricción. Recuerde que también es posible disminuir los permisos, por ejemplo de "General" a adolescente maduro o "Mature Teen". Cuando termine, haga clic sobre guardar o "Save" para pedirle a America Online que guarde este cambio, y después haga clic sobre "Yes" dos veces para aceptar este cambio.

Cómo entrar a AOL usando uno de los nombres de usuarios adicionales

Como pudo ver anteriormente, cada cuenta de America Online permite hasta siete nombres de usuarios o "Screen Names" diferentes. De esta manera, cada persona en su casa puede usar una cuenta diferente, lo que hace posible controlar el contenido que es disponible a menores de edad. Las cuentas restringidas de los menores de edad filtrarán el contenido disponible a éstos mientras están conectados al Internet con America Online.

Estos son los pasos para comenzar una sesión en America Online:

1. Si su nombre de usuario o "Screen Name" no aparece inmediatamente después de abrir AOL, haga clic sobre el nombre que ve en la pantalla para ver la lista de los nombres adicionales que están asociados con esta cuenta de America Online.

2. Ahora haga clic sobre su nombre de usuario o "Screen Name" para escogerlo. Una vez que su nombre de usuario esté seleccionado, escriba su contraseña y haga clic sobre entrar a AOL o "Sign on".

Si esta computadora no es suya, y por consiguiente su nombre de usuario o "Screen Name" no está en esta lista, entonces haga clic sobre invitado o "Guest".

El nivel de permisos, predeterminado para cada nombre de usuario o "Screen Name", sólo filtra el acceso al Internet mientras se usa dentro de la ventana de AOL. Si este usuario sale de AOL, las restricciones no aplicarán. Si esto le preocupa, le recomiendo que consiga el programa de Net Nanny, del cual hablé en las páginas anteriores.

Los *cookies* y el Internet

Un *cookie* en el Internet es un archivo pequeño que es enviado a su computadora por un servidor Web cuando lo visita. Estos pequeños archivos recogen información acerca de usted, como por ejemplo su dirección electrónica; por eso es muy común recibir correo electrónico de servidores Web que acaba de visitar.

Es decir que algunas compañías se creen con derecho de obtener información acerca de usted mientras usted está visitando sus servidores Web.

Por otra parte, algunas compañías utilizan *cookies* para asegurarse de la identidad exacta de un usuario, confirmando su información personal, para hacer negocios como comprar y vender acciones en el Internet. En este caso, si usted rechaza recibir *cookies,* es posible que no le permitan usar este tipo de servidor Web.

Usted puede decidir si permitir que estos servidores Web le envíen *cookies* o que le den un aviso cada vez que un servidor Web le envíe un *cookie.*

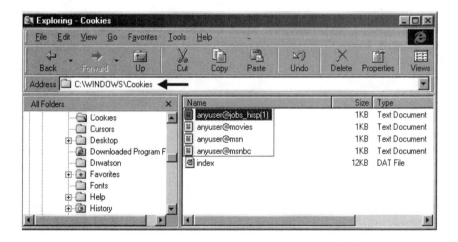

En esta gráfica puede ver archivos del tipo *cookie* al nivel del subdirectorio *cookies* en el directorio de Windows.

Cómo cambiar la configuración de los *cookies* en Internet Explorer 6.0

En este navegador le es posible cambiar la configuración para permitir o rechazar los *cookies,* que algunos servidores Web le envían a su computadora mientras los está visitando, desde el panel de herramientas accesible desde el menú de archivos.

También es importante tener en cuenta que algunas de las compañías que usan *cookies* para poder saber cómo atenderlo mejor o recordarse que es usted quien está visitando su sitio Web, no lo dejarán usar las mayoría de los servicios que ofrecen si usted cambió la configuración de su navegador a no permitir estos *cookies,* para tratar de visitar su sitio Web anónimamente.

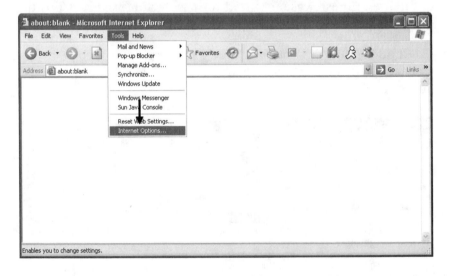

Para cambiar algunas de las opciones en este navegador, como por ejemplo la manera como trabaja con los *cookies,* ábralo primero y después haga clic sobre herramientas o "Tools", y después elija "Internet Options".

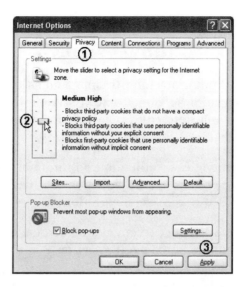

En el recuadro de arriba siga los siguientes pasos para cambiar la manera como este navegador trabaja con los *cookies:*

1. Cuando el recuadro de "Internet Options" abra, haga clic sobre privacidad o "Privacy".

2. Ahora use esta guía, llevando el indicador sobre ella y oprimiendo el botón izquierdo del ratón para pedirle a este navegador que acepte o rechace este tipo de archivos de la siguiente manera:

   ○ Jálelo hasta arriba para que el navegador prohíba que sitios Web dejen *cookies* en su computadora.

   ○ Jálelo y déjelo al medio para que el navegador acepte la mayoría de los *cookies* que sitios Web quieren dejar en su computadora.

   ○ Jálelo hasta abajo para que el navegador acepte todos los *cookies* que sitios Web quieran dejar en su computadora.

3. Cuando termine de cambiar sus preferencias, haga clic sobre "Apply" para confirmar que desea que el navegador acepte estos cambios.

Para terminar, oprima la tecla de confirmar o "Enter" para pedirle a su navegador que acepte las opciones que escogió; por último, cierre su navegador y ábralo de nuevo para comenzar a usarlo con estos cambios.

Cómo saber si el sitio Web que está visitando es seguro

Cuando esté dando información personal a un sitio Web, cerciórese que tenga un servidor seguro. Como, por ejemplo, cuando da el número de su tarjeta de crédito para comprar algo de una tienda virtual.

Si el sitio Web que le está pidiendo esta información, no le ofrece la posibilidad de enviar esta información a través de un servidor seguro, lo mejor es que cierre el navegador.

En la siguiente gráfica puede ver claramente el aviso que le indica que si continua entrará a una página segura.

Cuando entre a la página segura podrá ver claramente el símbolo de un candado, el cual le indica que la información que escriba en esta página no podrá ser vista por alguien más.

NOTA

Hoy en día también es importante recordar que algunas computadoras tienen navegadores que pueden guardar mucha información que suministre a sitios Web de manera automática y la próxima persona que trate de usar ese mismo sitio Web desde la misma computadora tal vez podrá ver esta información. En las páginas que siguen aprenderá a borrar esta información, de otra manera esta información puede permanecer en una computadora que usó anteriormente.

Cómo borrar información que pueda haber sido guardada por Internet Explorer 6.0

Las últimas versiones de Internet Explorer, como la 6.0, ofrecen una función llamada auto completar; ésta es muy útil para evitar que tenga que llenar su información cada vez que hace compras en almacenes virtuales o está aplicando por una tarjeta de crédito. Si esto le preocupa revise que versión de Internet Explorer tiene y si tiene al menos la versión 6.0 de Internet Explorer, puede borrar esta información fácilmente.

Lo siguiente es el recuadro que indica la versión del navegador Internet Explorer.

Version: 6.0.2900.2180.xpsp_sp2_gdr.050301-1519
Cipher Strength: 128-bit
Product ID:76487-OEM-0011903-00803
Update Versions:; SP2;

Siga los siguientes pasos para ver si la versión de Internet Explorer que está usando tiene esta función:

1. Haga clic sobre "Help" en la barra de herramientas de Internet Explorer.

2. Arrastre el indicador hacia abajo y haga clic sobre "About Internet Explorer". Si este número es la versión 6.0, éste puede tener esta función de autocompletar.

Por ejemplo, si un navegador tiene la función de autocompletar habilitada y visita un sitio Web que le pide información personal, tal vez verá información guardada en esta casilla cuando haga clic sobre ella.

La siguiente gráfica le ayudará a borrar esta información, si la computadora que usa tiene una versión reciente de Internet Explorer:

1. En Internet Explorer, haga clic sobre "Tools".

2. Ahora arrastre el indicador hacia abajo y haga clic sobre "Internet Options".

La siguiente gráfica representa la ventana de preferencias en Internet Explorer 6.0.

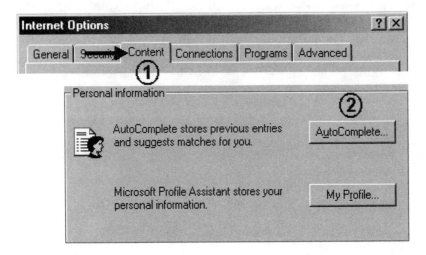

Ahora puede borrar la información que este navegador haya guardado:

1. Haga clic sobre "Content".

2. En esta página, haga clic sobre "AutoComplete".

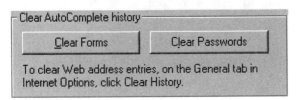

Finalmente, cuando vea esta forma, haga clic sobre "Clear Forms" y sobre "Clear Passwords".

Cómo cambiar la configuración de los *cookies* en Netscape 7.2

En este navegador también le es posible cambiar la configuración para permitir o rechazar los *cookies* que algunos servidores Web le envían a su computadora mientras los está visitando; éstos se cambian desde el panel de preferencias accesible desde el menú de archivos.

También es importante tener en cuenta que algunas de las compañías que usan *cookies* para poder saber cómo atenderlo mejor o recordarse que es usted quien está visitando su sitio Web, no lo dejarán usar la mayoría de los servicios que ofrecen si usted cambió la configuración de su navegador a no permitir estos *cookies*.

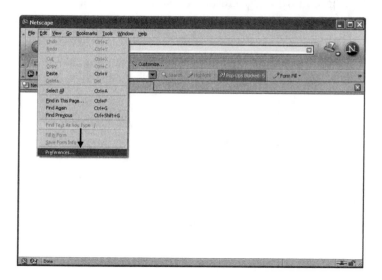

Para cambiar algunas de las opciones en este navegador, como por ejemplo la manera de trabajar con los *cookies*, ábralo primero y después haga clic sobre editar o "Tools" y después elija preferencias o "Preferences", como ve en el gráfico de arriba.

El siguiente recuadro representa la gráfica de la sección de preferencias para aceptar o rechazar los *cookies* en este navegador.

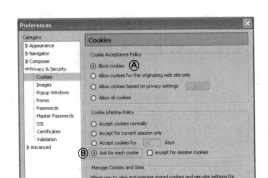

Cuando el recuadro de preferencias se abra, trabaje con él de esta manera después de hacer clic sobre privacidad y seguridad o "Privacy & Security":

Ⓐ Haga clic sobre bloquear cookies o "Block cookies", para rechazar todos los *cookies*. Otra opción que puede escoger en este panel es aceptar todos los *cookies* o "Accept all cookies".

Ⓑ Haga clic sobre pregunte por cada *cookie* o "Ask for each cookie", para que el navegador le avise cada vez que un servidor Web le esté tratando de enviar uno.

Para terminar, oprima la tecla de confirmar o "Enter" para pedirle a su navegador que acepte las opciones que escogió. Cierre su navegador y ábralo de nuevo para comenzar a usarlo con estos cambios.

Para recordar

- El Internet es el conglomerado más grande de computadoras que existe en el mundo.

- America Online (AOL), el servicio en línea con mayor número de usuarios, dedica mucho tiempo y recursos para ofrecer formas de controlar el contenido de lo que los menores de edad pueden ver.

- Internet Explorer 6.0 usa el sistema de "ratings", o clasificaciones, para controlar el contenido que los miembros de su familia pueden ver mientras visitan servidores Web a través del Internet.

- Una de las maneras de controlar el contenido en AOL es la de crear nombres de usuarios adicionales.

- Si tiene una cuenta AOL y en su familia hay niños menores de edad, tiene la posibilidad de cambiar la configuración de contenidos para controlar el tipo de los servidores Web que éstos pueden visitar.

- El único usuario autorizado para crear cuentas adicionales en AOL es la persona que abrió la cuenta originalmente.

- Un *cookie* en el Internet es un archivo pequeño enviado a su computadora por un servidor Web cuando usted lo visita.

Asistencia técnica

Cómo reconocer problemas de comunicación cuando usa el Internet

El objetivo más importante de este capítulo es ayudarle a obtener información que le será útil para solucionar problemas mientras se conecta al Internet usando los servicios en línea de proveedores de servicio al Internet. Esta información le será muy valiosa cuando hable con los teléfonos de asistencia técnica de la compañía a la cual está afiliado.

En este capítulo cubriremos las situaciones más comunes que puede encontrar mientras se conecta al Internet usando una computadora del tipo IBM.

Los siguientes son los problemas más comunes que puede encontrar cuando se conecta al Internet usando un módem:

- El módem deja de funcionar.
- La línea está ocupada.
- El programa se abre y después se cierra sin dar explicaciones sobre un posible error.
- La computadora se congela; es decir, que es imposible mover el ratón o el teclado aún después de esperar largo rato.
- Si está usando un servicio en línea y olvidó su contraseña, use uno de los teléfonos de ayuda al usuario que encontrará al final de este capítulo y comuníquese con el proveedor de su servicio en línea para pedir ayuda. Ellos le pueden ayudar a recordar su contraseña o darle una nueva.

En los siguientes casos es buena idea tomar notas detalladas del problema para tener más información cuando llame a la línea de soporte técnico, o a un conocido o pariente, para solicitar ayuda. Anote, por ejemplo:

- Si había encontrado el error anteriormente.
- En qué punto sucedió el error.
- Si el error se repite cada vez que usted abre el programa.

Los dispositivos módem

El módem es el equipo más importante cuando desea usar un servicio en línea, aunque también, como hemos visto en los diferentes capítulos de este libro, es posible usar el Internet a través de una red local, o LAN.

Los tipos de módem más comunes que existen en la actualidad son:

- El módem análogo. Este puede ser interno o externo, y funciona con la misma línea de teléfono que se usa para hacer llamadas.

- El módem tipo cable. Esta es una cajita externa, y funciona con la misma línea por la cual recibe su señal de televisión.

- El módem digital (ISDN). Esta también es una cajita electrónica externa, que comparte la línea digital con su servicio de teléfono.

En esta gráfica puede ver un módem de cable externo. Este por lo general es hecho por la compañía Motorola, y es muy sencillo de usar. Es decir, si falla lo único que tiene que hacer es desconectarlo, esperar un par de minutos, y después de prenderlo debe funcionar.

Los puertos seriales

Estos son los puntos de conexión donde se conectan los módem de tipo externo. Por lo general, este tipo de conexión no causa dificultad a los usuarios.

El problema sucede, a veces, cuando añade más equipo a su computadora, porque en algunas ocasiones el nuevo equipo causa conflictos con el módem, cambiando la asignación de los puertos seriales.

Un ejemplo muy común sería la instalación de un equipo como el organizador Palm Pilot que, dependiendo de la configuración de su sistema, puede causarle problemas con su módem después de instalado.

Las siguientes gráficas demuestran los dos tipos de puertos seriales de más uso en computadoras personales del tipo IBM. El pequeño es un puerto de 9 agujas y el grande es un puerto de 25 agujas (las agujas de ambos salen hacia afuera).

La gráfica muestra la configuración más común que se da en una computadora del tipo IBM.

Los Puertos Seriales

Com 1

Resource type	Setting
Interrupt Request	04
Input/Output Range	03F8 - 03FF

Com 2

Resource type	Setting
Interrupt Request	03
Input/Output Range	02F8 - 02FF

Recursos de Sistema

En la página siguiente aprenderá cómo cerciorarse de que estos puertos seriales están bien configurados.

Cómo averiguar si los puertos seriales están bien configurados

En el mundo de las computadoras IBM, los puertos seriales son los componentes que más dolores de cabeza le pueden causar cuando añade nuevo equipo. En estas páginas aprenderá cómo averiguar cuáles son los números asignados a cada uno de sus puertos seriales.

Primero coloque el indicador encima de "My Computer" y haga clic una vez; ahora arrastre el indicador hasta que llegue a "Properties" y haga clic una vez.

Ahora verá la siguiente gráfica. Ésta es la ventana del programa encargado de los recursos del sistema, o "Device Manager".

Para ver la lista de componentes instalados en su computadora, siga los siguientes pasos:

Ⓐ Cuando vea la ventana de "System Properties", coloque el indicador a "Device Manager" y haga clic una vez.

Ⓑ Ahora coloque el indicador sobre "Ports" y haga clic una vez.

Ahora en la siguiente gráfica coloque el indicador sobre el símbolo + al lado de "Ports" y haga clic una vez para ver la lista de los puertos seriales instalados en la computadora. Si ve una X roja al lado de uno de estos puertos éste puede estar funcionado mal. Algunas veces cuando usa computadoras portátiles verá uno de estos puertos con una X roja; esto se debe a que, en algunos casos, para que el módem funcione, el puerto de rayos infrarrojos debe ser inhabilitado.

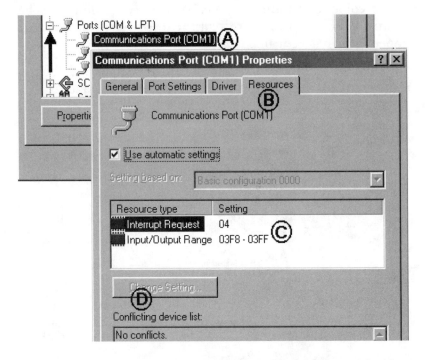

Siga los siguientes pasos para verificar la configuración de un puerto serial:

A Primero coloque el indicador sobre el puerto serial que desea chequear y haga clic dos veces.

B Cuando esta ventana se abra, elija "Resources".

C Finalmente, puede ver los recursos asignados a este puerto serial.

D Debajo de la lista de periféricos con los cuales este puerto serial tiene conflictos ("Conflicting device list") podrá ver con cuáles periféricos este puerto puede estar compartiendo los recursos de la computadora. Ahí puede residir una de las causas mayores del problema.

Lista de los recursos estándar de los puertos seriales en computadoras del tipo IBM

Si tiene problemas de comunicaciones, puede seguir los pasos anteriores para ver la dirección y el sitio de interrupción que los puertos seriales de su computadora están experimentando. Mirando la lista podrá chequear mejor para cerciorarse de que los puertos seriales están bien configurados.

Puerto serial	Dirección	Recurso
(Serial Port)	(Address)	(IRQ)
COM1	03F8	IRQ4
COM2	02F8	IRQ3
COM3	03E8	IRQ4
COM4	02E8	IRQ3

Esta información debe ser usada como punto de referencia, ya que no se recomienda cambiar la configuración de su computadora a menos que sepa muy bien lo que está haciendo. Recuerde que si cambia alguno de estos recursos, su computadora puede dejar de trabajar de manera correcta.

Este capítulo se incluye más que todo a título informativo. Nunca cambie la asignación de recursos de un módem o un puerto serial a menos que se lo recomiende uno de los técnicos de la compañía que construyó su computadora, o la compañía con la cual tiene su servicio en línea.

Problemas que puede tener con un módem y posibles resoluciones para ellos

La siguiente es una lista de cosas que puede hacer antes de llamar al teléfono de soporte técnico si tiene problemas conectándose a su servicio en línea:

- Si tiene un módem externo, cerciórese de que esté prendido; también asegúrese de que la línea de teléfono esté conectada al puerto que dice "Wall" (pared) o "Line" (línea).

- Si el teléfono al cual está llamando no le contesta, marque los números directamente en su teléfono para asegurarse de que existe un módem al final de la línea.

- Si tiene un módem interno, siga las instrucciones de la siguiente página para cerciorarse de que está funcionando bien.

- Si el programa que está usando se congela a cada rato, esto puede deberse a que está mal instalado.

- Consulte con su teléfono de soporte técnico para ver si ellos recomiendan reinstalar el programa.

- Si tiene el servicio telefónico llamada en espera ("Call Waiting") y su sesión en línea se congela cada vez que está usándola y alguien llama, lea la parte acerca de cómo solucionar este problema más adelante en este capítulo.

- Si usa un programa para enviar faxes y éste se prende automáticamente cuando la computadora entra a Windows 95 y tiene problemas estableciendo una conexión con su servicio en línea, ciérrelo temporalmente para ver si el problema desaparece.

Cómo determinar si su módem funciona bien

Si usa Windows 98 o Me, siga los siguientes pasos para cerciorarse del funcionamiento de su módem.

En la siguiente gráfica puede ver los pasos para abrir el panel de control de los recursos de la computadora.

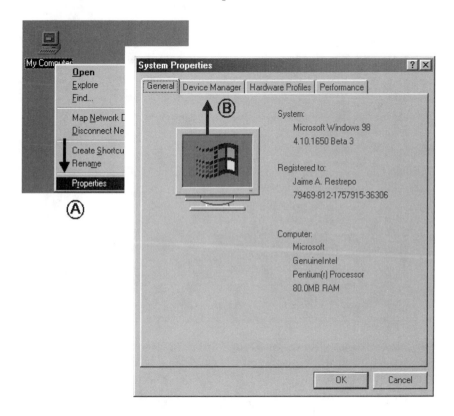

Mirando la gráfica anterior, siga estos pasos para averiguar si su módem está funcionado bien:

Ⓐ Coloque el indicador encima de "My Computer" y oprima el botón derecho del indicador una vez; ahora arrastre el indicador hasta que llegue a "Properties" (propiedades) y haga clic una vez.

Ⓑ Finalmente, coloque el indicador sobre "Device Manager" y haga clic una vez.

Ahora verá la siguiente gráfica; ésta representa la ventana del panel de recursos del sistema.

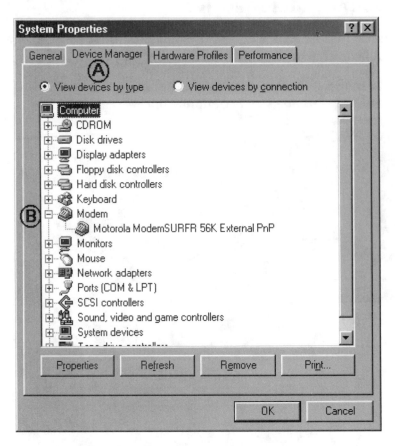

Para ver la lista de componentes instalados en la computadora, siga los siguientes pasos:

🅐 Cuando vea la ventana de "System Properties", coloque el indicador y haga clic sobre "Device Manager" una vez.

🅑 Ahora coloque el indicador sobre "Modem" y haga clic una vez, para ver si su módem está funcionando.

Si su módem no funciona, es posible que vea la siguiente gráfica en la lista de la página anterior.

Una X roja o un símbolo de exclamación en amarillo al lado del módem indican que hay un problema.

Este libro fue escrito usando Windows XP. En versiones anteriores, en vez de una X roja podrá ver un símbolo de exclamación amarillo.

Si el módem no tiene una X roja ni un símbolo de exclamación amarillo, pero todavía no funciona, siga los siguientes pasos para verificar que está funcionando bien.

1. Primero haga clic sobre "Start".

2. Después arrastre el indicador hacia arriba, hasta llegar a "Settings".

3. Ahora arrastre el indicador hacia la derecha y después haga clic sobre "Control Panel".

4. En el "Control Panel" haga clic sobre "Modem".

Cuando elija "Modem", la siguiente ventana se abrirá. Desde ella es posible comunicarse directamente con el módem para comprobar que está funcionando bien.

Si ve un módem instalado en la lista, haga clic sobre "Diagnostics" para comprobar que el módem está funcionando bien.

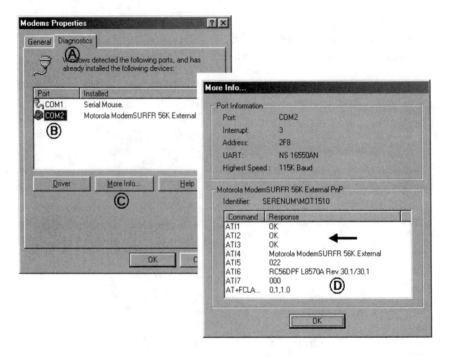

Mirando las dos gráficas anteriores, siga estos pasos para verificar si su módem tiene un problema:

Ⓐ Cuando vea la ventana de "Modem Properties", coloque el indicador a "Diagnostics" y haga clic una vez para seleccionarlo.

Ⓑ Ahora coloque el indicador sobre el módem instalado y haga clic una vez.

Ⓒ Finalmente, elija "More Info" para ver si el módem está funcionando bien.

Ⓓ Si en el siguiente recuadro ve muchos errores (estos aparecen como "Error"), esto quiere decir que el problema puede estar siendo causado por su módem.

Cómo evitar problemas con el servicio de llamadas en espera o "Call Waiting" y su módem

Si tiene el servicio de llamadas en espera o "Call Waiting" y cada vez que está usando un servicio en línea entra otra llamada, le interrumpirá su sesión en línea. Desconecte entonces ese servicio temporalmente para proteger su sesión en línea.

Lo que sucede es que cuando está usando un módem y otra llamada trata de entrar al mismo tiempo, éste inmediatamente deja caer la sesión en línea. Esto en sí no sería gran problema si no fuera que a veces el programa se congela y es necesario prender la computadora de nuevo.

Un consejo importante en este caso es averiguar con su compañía de teléfono cuál es el código que habilita y deshabilita esta función.

Para solucionar este problema:

- Desconecte permanentemente este tipo de servicio si está instalado en la mismas líneas de teléfono en las cuales está un módem en uso todo el tiempo. Esta operación tiene que ser realizada directamente por su compañía de teléfono.
- Añada un comando especial en su programa de comunicación en línea o en su proveedor de servicio al Internet; este comando por lo general es *70.

Cómo remover un programa que no necesita usar más

Uno de los problemas más comunes que el usuario de una computadora personal puede encontrar es el de tener que quitar un programa que ya no necesita o que le está causando problemas. Algunas veces sería suficiente cambiar la versión del programa de su servicio en línea, pero usted no sabe cómo hacerlo.

Recuerde que quitar un programa sólo debe ser hecho por el dueño de la computadora que usa o por pedido del dueño. No remueva nunca un programa en una computadora que no le pertenece sin permiso previo del dueño.

Siga estos pasos para quitar una programa en Windows:

1. Primero haga clic sobre "Start".
2. Después arrastre el indicador hacia arriba, hasta llegar a "Settings".
3. Ahora arrastre el indicador hacia la derecha y después haga clic sobre "Control Panel".
4. En el "Control Panel" haga clic sobre "Add/Remove Programs".

Cuando vea el siguiente recuadro, busque el programa que desea quitar y haga clic sobre él.

Recuerde que este proceso es difícil de hacer y si desea utilizar el mismo programa después, será necesario instalarlo de nuevo.

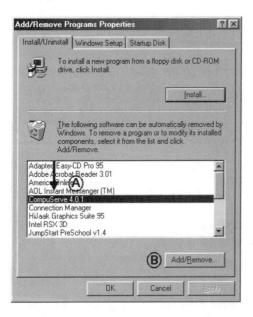

Siga los siguientes pasos cuando vea el recuadro anterior, para quitar un programa en Windows Millennium Edition:

A Coloque el indicador sobre el programa que desea quitar de su sistema y haga clic una vez.

B Ahora coloque el indicador sobre "Remove" y haga clic una vez.

Ahora oprima la tecla "Yes" cuando vea el siguiente recuadro, si todavía desea quitar el programa, para confirmar que usted desea que el programa sea removido de su sistema.

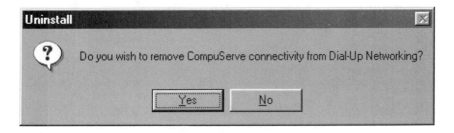

Si recibe este mensaje preguntándole si desea quitar la parte de marcar el teléfono de un servicio en línea, elija "No" colocando el indicador sobre esa palabra y haciendo clic una vez. Si no desea usar más el servicio en línea que está removiendo elija "Yes" para quitarlo.

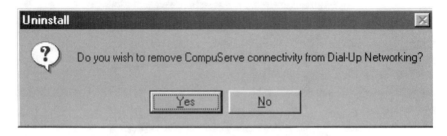

El proceso de quitar el programa es definitivo, pues una vez que quite un programa éste no funcionará de nuevo (a menos que lo vuelva a instalar). También es importante recordar que una vez que remueva un programa como AOL, este proceso también borrará la configuración del programa. Eso incluye su nombre de usuario y su contraseña.

El siguiente recuadro es muy común si el programa que está tratando de quitar está compartiendo componentes con otros programas instalados en la computadora.

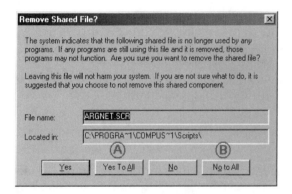

Esta es la manera de trabajar con este recuadro:

Ⓐ Si sospecha que el programa que está removiendo en este momento le ha causando problemas, coloque el indicador sobre "Yes To All" (sí a todo) y haga clic una vez.

Ⓑ Si no cree que este programa le está causando ningún conflicto con su computadora, coloque el indicador encima de "No To All" (no a todo) y haga clic una vez.

Finalmente, verá el siguiente recuadro. Este le indicará si el programa fue removido de su sistema completamente. Cuando esto suceda, oprima la tecla "Enter" para cerrarlo.

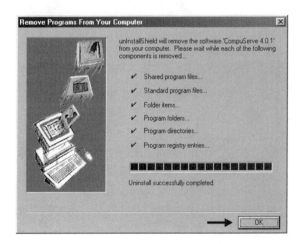

Cómo configurar una sesión PPP con su proveedor de servicio al Internet

La siguiente sección le mostrará claramente cómo configurar una sesión PPP con su proveedor de servicio al Internet. Este es un tipo de sesión que le permite acceso al Internet de manera más rápida.

Estas pueden ser las razones por las cuales usted puede necesitar las instrucciones de las páginas siguientes:

- Acaba de perder su disco duro debido a una descarga eléctrica.

- Accidentalmente borró la configuración que estaba usando para conectarse con su proveedor de servicio al Internet.

Para configurar una sesión de este tipo es necesario averiguar todos los parámetros de configuración que usted debe usar. Para hacer esto, llame a la compañía que le provee su servicio de Internet.

Para comenzar este proceso primero coloque el indicador a "My Computer" y haga clic dos veces. Cuando vea la siguiente gráfica, coloque el indicador encima de "Dial-Up Networking" y haga clic dos veces.

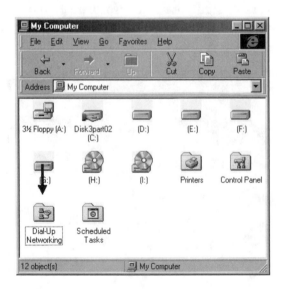

Una vez que tenga toda la información necesaria para crear una sesión PPP siga los pasos de la siguiente gráfica para configurar esta sesión.

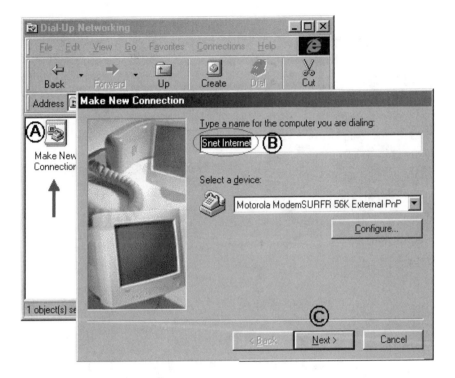

Siga los siguientes pasos para configurar una sesión PPP con su proveedor de servicio al Internet:

Ⓐ Primero coloque el indicador sobre "Make New Connection" y haga clic dos veces.

Ⓑ En esta casilla escriba el nombre de la sesión que desea crear; por ejemplo, si su ISP es Snet, escriba "Snet Internet".

Ⓒ Ahora haga clic sobre "Next".

En el siguiente recuadro escriba el número de teléfono local que su módem usará para conectarse con su proveedor de servicio al Internet. Este teléfono debe ser provisto por la misma compañía que le suministra su servicio al Internet.

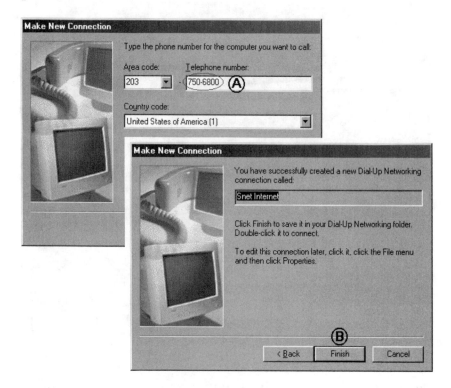

Mire la gráfica anterior para terminar la configuración de esta sesión PPP:

A   Escriba en esta línea el número de teléfono que su módem usará para conectarse con su proveedor de servicio al Internet.

B   Ahora coloque el indicador sobre "Finish" y haga clic una vez.

Ahora regrese a "Dial-Up Networking" y oprima el botón izquierdo dos veces. Luego coloque el ratón sobre el símbolo del nombre que usó para crear su conexión, en este caso "Snet Internet" y oprima el botón derecho. Después coloque el ratón hasta el final de esta lista y elija "Properties".

Las dos gráficas siguientes le mostrarán cómo terminar de configurar esta sesión PPP:

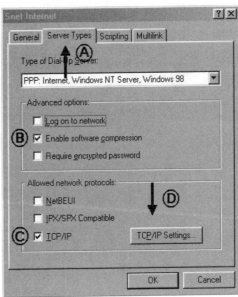

Mire la gráfica anterior y siga estos pasos para terminar de configurar esta sesión PPP:

- **Ⓐ** Haga clic sobre "Server Types".
- **Ⓑ** Ahora coloque el indicador sobre "Enable software compression" y haga clic una vez.
- **Ⓒ** Cerciórese de que este cuadrado tenga un símbolo de chequear; si no lo tiene, coloque el indicador sobre él y haga clic una vez.
- **Ⓓ** Finalmente, coloque el indicador sobre "TCP/IP Settings" y haga clic una vez.

Ahora en el siguiente recuadro use la información que recibió de su proveedor de servicio al Internet, o ISP, para terminar de configurar esta sesión PPP.

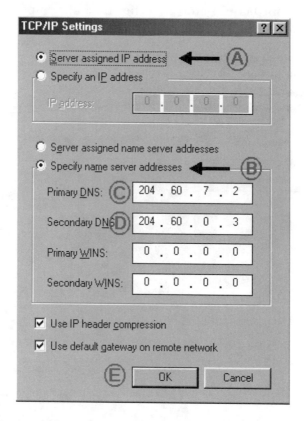

Mire la gráfica anterior y siga estos pasos para añadir los números de IP que necesita para conectarse a su proveedor de servicio al Internet:

Ⓐ Primero haga clic sobre "Server assigned IP", si éste es el caso. Si usted puede usar un IP estático, elija la segunda opción y escriba el IP que usará.

Ⓑ Ahora coloque el indicador sobre "Specify name server address" y haga clic una vez.

Ⓒ En esta casilla escriba las coordenadas de IP de su DNS primario.

Ⓓ En esta casilla escriba las coordenadas de IP de su DNS secundario.

Ⓔ Finalmente, coloque el indicador sobre "OK" y haga clic una vez para guardar esta configuración.

Ahora regrese a "Dial-Up Networking" para crear un atajo a este símbolo del programa que usará para conectarse a su proveedor de servicio al Internet.

La siguiente gráfica representa el recuadro de "Dial-Up Networking".

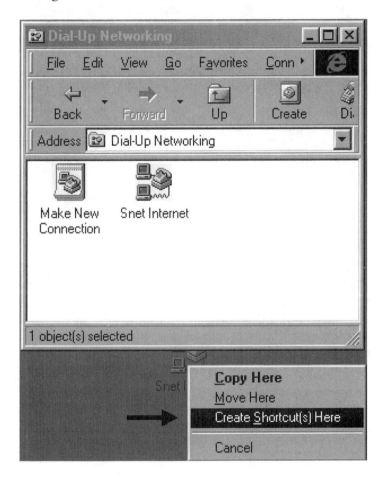

Para crear un atajo a este símbolo de "Snet Internet", coloque el indicador encima del símbolo y oprima y sostenga el botón derecho del indicador mientras arrastra el símbolo hacia afuera de este recuadro. Cuando ya haya arrastrado el símbolo fuera del recuadro, es decir, a la parte del escritorio, o "Desktop", elija "Create Shortcut Here" para crear un atajo a este programa que podrá usar desde el "Desktop".

Ahora puede ver en la gráfica inferior cómo ya existe un símbolo en su escritorio o "Desktop" que podrá usar cada vez que desee establecer una conexión al Internet usando su proveedor de servicio al Internet o ISP.

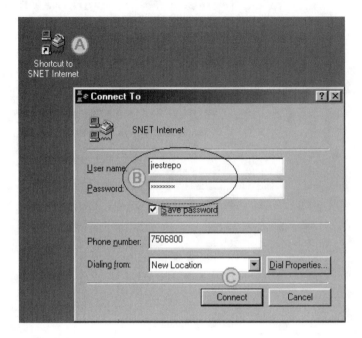

Mire la gráfica anterior y siga estos pasos para crear una conexión con su ISP:

Ⓐ Primero coloque el indicador sobre "Shortcut to Snet Internet" y haga clic dos veces.

Ⓑ En estas dos casillas, escriba en la primera su nombre de usuario y en la segunda su contraseña.

Ⓒ Ahora coloque el indicador a "Connect" y haga clic una vez.

Los diferentes tipos de cuentas de correo electrónico

El correo electrónico ha evolucionado mucho desde sus inicios, cuando las computadoras ocupaban cuartos inmensos ("Mainframes") y los usuarios eran solamente científicos o altos funcionarios del gobierno en trabajos casi secretos.

Pero hoy en día casi todo el mundo puede utilizarlo y numerosos servicios en línea le permiten tener una cuenta de correo electrónico.

Los tipos de cuentas más comunes son:

Post Office Protocol (POP)

Este tipo de cuenta copia todos los mensajes dirigidos a usted que se encuentren en el servidor de correo de su computadora local.

POP3

Este tipo de servidor también descarga mensajes dirigidos a usted a su computadora local, así que si la conexión se pierde en este punto el usuario puede todavía leer sus mensajes.

IMAP

Este tipo de servidor sólo descarga el título de sus mensajes si se encuentran todavía en el servidor remoto.

SMTP

Con este nombre se conoce al servidor encargado de enviar sus mensajes a través del Internet.

En muchos casos el nombre de su POP3 o IMAP es el mismo que el SMTP.

Cómo configurar un buzón de correo POP3 en Outlook Express

Como usted pudo ver en algunas partes del capítulo siete, el programa Outlook Express es uno de los programas de correo que más popularidad está adquiriendo hoy en día.

En las páginas siguientes aprenderá cómo configurar una cuenta POP3, la cual es uno de los tipos de cuentas de preferencia entre los proveedores de servicio al Internet, como por ejemplo AT&T WorldNet.

Para configurar una cuenta de correo POP3 es necesario que averigüe la configuración que deberá usar con su proveedor de servicio al Internet. Una vez que tenga esta información puede proceder a crear esta cuenta en Outlook Express.

Mire la siguiente gráfica para comenzar el proceso de configurar un buzón de correo POP3.

Primero coloque el indicador al símbolo de Outlook Express y haga clic dos veces.

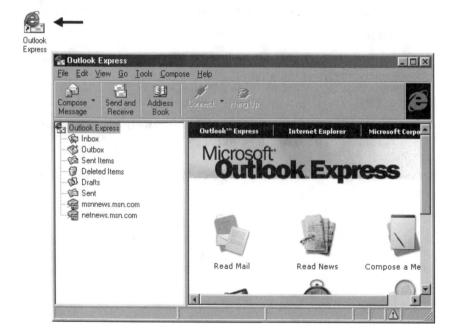

Cuando Outlook Express se abra, siga los pasos de las siguientes gráficas para comenzar a configurar un buzón de correo electrónico del tipo POP3.

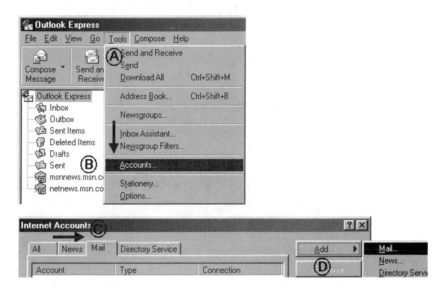

Mire la gráfica anterior y siga los siguientes pasos para configurar esta cuenta POP3:

A Primero coloque el indicador sobre "Tools" y haga clic una vez.

B Ahora coloque el indicador sobre "Accounts" y haga clic una vez.

C En el próximo recuadro coloque el indicador a "Mail" y haga clic una vez.

D Finalmente, coloque el indicador sobre "Add" y haga clic una vez; ahora coloque el indicador sobre "Mail" y haga clic una vez.

Ahora puede ver las dos siguientes gráficas. En ellas debe escribir su información personal de la manera indicada.

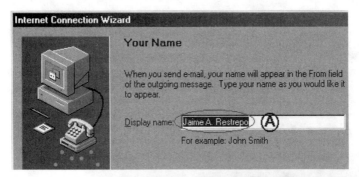

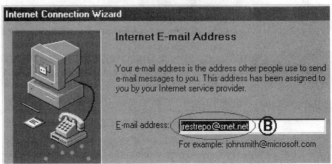

Mire la gráfica anterior y siga los siguientes pasos para llenar su información personal:

A En el primer recuadro escriba su nombre y después coloque el indicador sobre "Next" y haga clic una vez.

B En el próximo recuadro escriba su dirección electrónica; luego coloque el indicador sobre "Next" y haga clic una vez.

Ahora puede ver las siguientes gráficas. En éstas debe escribir la información que consiguió de su proveedor de servicio al Internet acerca de su cuenta de POP3.

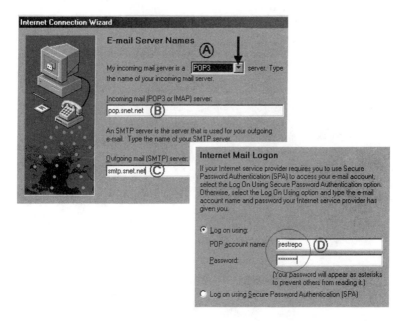

Mire la gráfica anterior y siga los siguientes pasos para llenar la información necesaria para usar su cuenta POP3 con Outlook Express:

Ⓐ Primero cerciórese de que en este recuadro diga "POP3"; de lo contrario coloque el indicador sobre el punto indicado por la flecha; haga clic una vez y seleccione "POP3".

Ⓑ En el primer recuadro coloque el indicador sobre esta casilla en blanco y haga clic una vez. Ahora escriba el nombre del servidor POP3 que recibe su correo; después coloque el indicador sobre "Next" y haga clic una vez.

Ⓒ En el próximo recuadro coloque el indicador sobre la casilla en blanco y haga clic una vez. Ahora escriba el nombre del servidor que se encarga de enviar su correo (este nombre por lo general empieza con "SMTP"). Coloque el indicador a "Next" y haga clic.

Ⓓ En la primera casilla de este recuadro, escriba el nombre de usuario que utiliza con su servicio al Internet y en la segunda su contraseña. Finalmente, coloque el indicador sobre "Next" y haga clic.

Ahora puede ver las dos siguientes gráficas. En la primera, debe escribir el nombre que describirá su correo electrónico y en la segunda, el tipo de conexión que usará para conectarse con su proveedor de servicio al Internet.

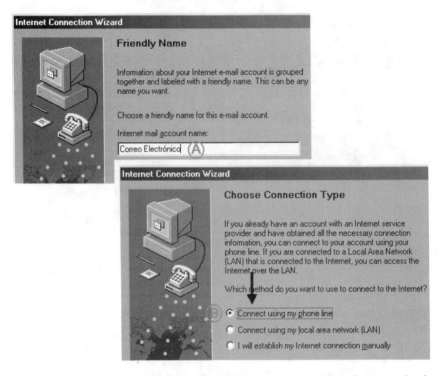

Mire la gráfica anterior y siga estos pasos para indicarle a Outlook Express cómo enviar y recibir el correo electrónico:

A En el primer recuadro coloque el indicador sobre esta casilla en blanco y haga clic una vez. Ahora escriba el nombre que describirá su buzón de correo electrónico en Outlook Express (en este ejemplo use "Correo Electrónico") y después coloque el indicador sobre "Next" y haga clic una vez.

B En el próximo recuadro coloque el indicador sobre "Connect using my phone line" y haga clic una vez. Si trabaja en una oficina y le es permitido usar Outlook Express, consulte con su administrador de red para conseguir la información que debe llenar aquí.

Finalmente, puede ver las dos siguientes gráficas. En la primera, debe escribir el nombre que usará para recibir su correo electrónico, y en la segunda, elija "Finish" para terminar de configurar este buzón de correo POP3.

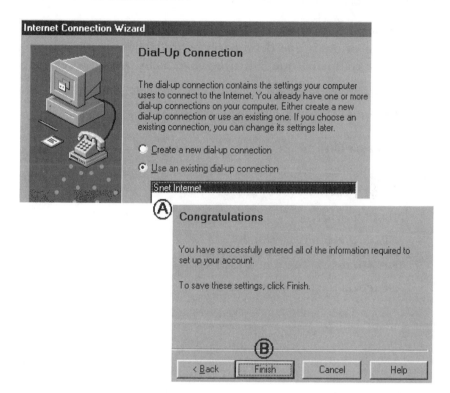

Ahora mire las dos gráficas anteriores y siga los siguientes pasos para terminar de configurar su buzón de correo POP3.

Ⓐ En el primer recuadro coloque el indicador sobre el nombre de la conexión que usará para enviar y recibir correo electrónico (en este caso "Snet Internet") y haga clic una vez.

Ⓑ En el próximo recuadro coloque el indicador sobre "Finish" y haga clic una vez. Ahora puede usar las instrucciones del Capítulo Siete para enviar y recibir correo electrónico con esta cuenta POP3.

Números de teléfono de asistencia técnica de los servicios en línea más populares

Si necesita ayuda configurando su servicio de Internet o su servicio en línea, lo primero que debe hacer es tratar de ponerse en contacto con la compañía que le provee el servicio, o sea, su servidor.

Estos son los teléfonos de ayuda de los servicios en línea más populares en los Estados Unidos:

America Online

Asistencia técnica: (800) 827-3338

Ventas y cuentas: (800) 827-6364

AT&T WorldNet

Asistencia técnica: (800) 400-1447

The Microsoft Network (MSN)

Asistencia técnica: (800) 386-5550

Para recordar

- Los problemas más comunes que puede encontrar usando un módem son: el módem deja de funcionar; la línea está ocupada.

- Si encuentra un problema, trate de compilar el mayor número de información acerca de éste y evite borrar programas o cambiar *hardware* antes de averiguar cuál es la causa del problema que está teniendo con su computadora.

- Los puertos seriales son las interfaces en las cuales se conectan los módem de tipo externo.

- Si cambia algún recurso de su computadora, puede dejar de funcionar bien.

- Desconecte su servicio de llamadas en espera ("Call Waiting") si tiene muchos problemas cuando alguien lo está tratando de llamar mientras está conectado al Internet.

- Una vez que remueva un programa como AOL, también borrará la configuración del programa.

Direcciones virtuales

Direcciones virtuales de servidores Web de interés en Latinoamérica

La siguiente lista se incluye como una referencia para que usted pueda empezar a beneficiarse de este medio inmediatamente.

Si por alguna razón usted necesita información acerca de un servidor Web que no está en esta lista, acuda a los motores de búsqueda. Estas herramientas son excelentes para buscar cualquier tipo de información.

Por último, experimente con este medio. Fíjese en la estructura de los enlaces en esta lista, y note que la mayoría están escritos en una forma lógica. La primera parte casi siempre es "www", que significa que el enlace usa el Web. La segunda parte del enlace es el nombre del enlace, que casi siempre contiene el nombre de la compañía o de la institución sobre la cual quiere información. Por último note que este nombre está seguido de un punto y una "extensión" de tres letras. Esta es casi siempre ".com", que simplemente indica que está comunicándose con una entidad netamente comercial. Las otras extensiones son: ".org", entidad u organización sin ánimo de lucro; ".edu", universidad o colegio; ".mil" entidad militar; ".gov", entidad gubernamental en los Estados Unidos.

Páginas de interés general

Motores de búsqueda en español

Netscape: *http://home.netscape.com/es/escapes/search/ntsrchrnd-2.html*
Yahoo! en Español: *http://espanol.yahoo.com/*
Infoseek: *http://www.infoseek.com/Home?pg=Home.html.sv=ES*
Google: *http://www.google.com/intl/es/*

Medios de comunicación

Periódicos

Guía Completa de todos los periódicos del Mundo: *http://www .intercom.com.au/intercom/newsprs/*

Radio

Estaciones de radio del mundo: *http://www.web-radio.com/*

Misceláneos

Turismo
La Puerta del Mundo Hispano: *http://www4.gu.edu.au/arts/ spanish/puerta.htm*

ARGENTINA

Economía y negocios

Mercosur: *http://www.mercosur.org/*
Páginas Amarillas de Mercosur Argentina, Brasil, Paraguay y Uruguay: *http://www.amarillas.com/*

Instituciones académicas

Universidad de Buenos Aires: *http://www.uba.ar*
Universidad Nacional de La Plata: *http://www.unlp.edu.ar/*

Gobierno

Ministerio de Cultura y Educación: *http://www.mcye.gov.ar/*
Presidencia de la República: *http://www.presidencia.ar/*

Medios de comunicación

Periódicos

Agencia de Noticias del Mercosur: http://www.mercosur.com/
Ambito Financiero: http://www.ambitofinanciero.com/
Buenos Aires Herald: http://www.buenosairesherald.com/
Clarín: http://www.clarin.com/
El Cronista: http://www.cronista.com.ar/
El Litoral Santa Fe: http://www.litoral.com.ar/
La Nación: http://www.lanacion.com/
El Tribuno: http://www.salnet.com.ar/tribuno/

BOLIVIA

Economía y negocios

Bolsa Boliviana de Valores: *http://bolsa-valores-bolivia.com*
Nueva Economía: *http://www.nueva-economia.com/*
Empresas Bolivianas en el Internet: *http://www.bolivianet.com/*
  empresas/empr_bol.html

Gobierno

Banco Central de Bolivia: *http://www.bcb.gov.bo/*
Congreso de Bolivia: *http://www.congreso.gov.bo/*

Medios de comunicación

Periódicos

El diario: http://www.eldiario.net/
Nueva economía: http://www.elmundo.es/nuevaeconomia/

CHILE

Economía y negocios

Bolsa de Comercio de Santiago: *http://www.bolsantiago.cl/*

Instituciones académicas

CONICYT: *http://www.conicyt.cl*
Pontificia Universidad Católica de Chile: *http://www.puc.cl/*
Universidad de Chile: *http://www.uchile.cl/*

Gobierno

Congreso Nacional de la República: *http://www.congreso.cl/*
Instituto Nacional de la Juventud: *http://www.inj.cl/*
Servidor de la Presidencia de Chile: *http://www.presidencia.cl/*

Medios de comunicación

Periódicos

COPESA periódico electrónico: http://www.copesa.cl/
Diario La Tercera: http://www.tercera.cl/
Infoweek Periódico Especializado en Computación,
    Comunicaciones y Redes: *http://www.infoweek.cl/*
El Mercurio: http://www.mercurio.cl/
Diario Oficial de la República de Chile: http://www.anfitrion.cl/

Revistas

¿Qué Pasa?, revista informativa: *http://www.quepasa.cl/*

COLOMBIA

Economía y negocios

LatinEXPO: *http://www.latinexpo.com*
Empresa Colombiana de Petróleos ECOPETROL: *http://www*
    .ecopetrol.com.co

Instituciones académicas

Universidad del Valle: *http://www.univalle.edu.co/*
Universidad de Antioquía: *http://www.udea.edu.co/*
Universidad EAFIT: *http://www.eafit.edu.co/*
Universidad Nacional: *http://www.usc.unal.edu.co/*
Universidad Pontificia Bolivariana: *http://www.upb.edu.co/*
Universidad del Rosario: *http://www.urosario.edu.co/*

Gobierno

República de Colombia, Presidencia: *http://www.presidencia.gov.co/*

Medios de comunicación

Periódicos

El Tiempo: http://www.eltiempo.com/
El Espectador: http://www.elespectador.com/
El Mundo: http://www.elmundo.com/
El País: http://www.elpais-cali.com/
Red Continental de Noticias RCN: *http://www.rcn.com.co/*

Revistas

Revista Semana: http://www.semana.com.co/

Radio

Caracol: *http://www.caracol.com.co/*
Colombiana de Televisión: *http://www.coltevision.com/*
Radioactiva: *http://www.radioactiva.com/*

COSTA RICA

Economía y negocios

Actualidad Económica: *http://www.actualidad.co.cr/*

Gobierno

Gobierno de Costa Rica: *http://www.casapres.go.cr/*

Medios de comunicación

Periódicos

La Nación Digital: http://www.nacion.co.cr/
La Prensa Libre: http://www.prensalibre.co.cr/
Semanario Universidad: http://cariari.ucr.ac.cr/~semana/univ.html
The Tico Times Online: http://www.ticotimes.net

Revistas

Revista Reflexiones Facultad de Ciencias Sociales, UCR: http://cariari
  .ucr.ac.cr/~reflexio/reflexio.html

ECUADOR

Economía y negocios

Banco Central del Ecuador: *http://www.bce.fin.ec/*

Instituciones académicas

Universidad Tecnológica Equinoccial UTE: *http://ute.edu.ec/*

Gobierno

Ministerio de Relaciones Exteriores: *http://www.mmrree.gov.ec/*

Medios de comunicación

Periódicos

El Comercio: http://www.elcomercio.com/
Diario Extra: http://www.diario-extra.com/
Diario Hoy: http://www3.hoy.com.ec/
El Expreso Guayaquil: http://www.diario-expreso.com/
Diario LA HORA Quito: http://www2.lahora.com.ec/
El Telégrafo: http://www.telegrafo.com.ec/
El Universo: http://www.eluniverso.com/

EL SALVADOR

Instituciones académicas

Instituto Universitario de Opinión Pública IUDOP-UCA:
    http://www.uca.edu.sv/publica/iudop/principal.htm
Universidad de El Salvador UES: *http://www.ues.edu.sv/*
Universidad Tecnológica de El Salvador: *http://www.utec.edu.sv/*

Gobierno

República de El Salvador: *http://www.sv/*
Banco Central: *http://www.bcr.gob.sv/*
Consejo Nacional de Ciencia y Tecnología CONACYT: *http://www.conacyt.gob.sv/*
Ministerio de Hacienda: *http://www.mh.gob.sv/*
Presidencia de la República: *http://www.casapres.gob.sv/*

Medios de comunicación

Periódicos

Diario CoLatino: http://www.colatino.com/
El Diario de Hoy: http://www.elsalvador.com/
El Noticiero Canal 6: http://www.elnoticiero.com.sv/

Revistas

El Salvador Magazine: http://www.elsalvador-magazine.com/
El Salvador USA Revista: http://www.elsalvadorusa.com/

Radio

Radio Qué Buena: *http://www.quebuena.com/*

ESTADOS UNIDOS

Economía y negocios

Ameritech: *http://www.ameritech.com/*
American Airlines: *http://www.amrcorp.com*
Apple Computer: *http://www.apple.com/*
AT&T: *http://www.att.com/*
Bank of America: *http://www.bofa.com/*
Boeing: *http://www.boeing.com/*
Coca-Cola: *http://www.coke.com*
Compaq Computer: *http://www.compaq.com*
Dell Computer: *http://www.dell.com*
EDS: *http://www.eds.com/*
Eli Lilly: *http://www.lilly.com/*
Federal Express: *http://www.fedex.com/*
Ford: *http://www.ford.com/*
General Electric: *http://www.ge.com*
General Motors: *http://www.gm.com*
Hewlett-Packard: *http://www.hp.com/*
Honda: *http://www.honda.com*
IBM: *http://www.ibm.com/*
Pacific Bell: *http://www.pacbell.com/*
Rockwell: *http://www.rockwell.com/*
Texas Instruments: *http://www.ti.com/*
Xerox: *http://www.xerox.com/*

Instituciones académicas

Center for Latin American Studies, Georgetown University:
http://sfswww.georgetown.edu/sfs/programs/clas/home.html
Center for US-Mexican Studies: *http://weber.ucsd.edu/Depts/
USMex/welcome.htm*
Duke-UNC Program in Latin American Studies: *http://www
.duke.edu/web/las/duke-unc.html*
Institute of Latin American and Iberian Studies, Columbia
University: *http://www.columbia.edu/cu/ilais/*
LASPAU: *http://www.laspau.harvard.edu/*
Latin American and Iberian Studies Program, University of
Wisconsin-Madison: *http://polyglot.lss.wisc.edu/laisp/*
University of California, Berkeley: *http://socrates.berkeley.edu:7001/*

Gobierno

La Casa Blanca: *http://www.whitehouse.gov/*
Departamento de Agricultura: *http://www.usda.gov/*
Departamento de Comercio: *http://www.doc.gov/*
Departamento de Defensa: *http://www.defenselink.mil/*
Departamento de Educación: *http://www.ed.gov/*
Departamento de Energia: *http://www.doe.gov/*
Departamento de Salud y Recursos Humanos: *http://www.os
.dhhs.gov/*
Departamento de Vivienda y Desarollo Urbano: *http://www.hud
.gov/*
Departamento de Justica: *http://www.usdoj.gov/*
Departamento de Trabajo: *http://www.dol.gov/*
Departamento de Estado: *http://www.state.gov/*
Departamento de Transporte: *http://www.dot.gov/*
Tesorería de los Estados Unidos: *http://www.ustreas.gov/*
Departamento de Asuntos de Veteranos: *http://www.va.gov/*
Controlaría General: *http://www.gao.gov*

Medios de comunicación

Periódicos

El Diario las Americas: http://www.diariolasamericas.com/
El Nuevo Herald: http://www.elherald.com/
El Sol de Texas: http://www.elsoldetexas.com/

Noticias

CNN en español: *http://www.cnnenespanol.com*
Univision: *http://www.univision.net/*
RedNet Noticias: *http://www.rednetnews.com/*

Revistas

Hispanic Magazine: *http://www.hisp.com*
Latina Magazine: *http://www.latina.com*

GUATEMALA

Economía y negocios

Fundación para el Desarrollo de Guatemala FUNDESA: *http:// www.gnofn.org/~fundesa/*

Instituciones académicas

Universidad Del Valle de Guatemala: *http://www.uvg.edu.gt*
Universidad Francisco Marroquín: *http://www.ufm.edu.gt*

Gobierno

Páginas del Gobierno de Guatemala: *http://mars.cropsoil.uga .edu/trop-ag/gov.htm*

Medios de comunicación

Periódicos

Siglo XXI Corporación de Noticias: http://www.sigloxxi.com
La Hora: http://www.lahora.com.gt/
Prensa Libre: http://www.prensalibre.com/

Radio

Emisoras Unidas Real Audio: *http://www.centramerica.com/ emisorasunidas/*

HONDURAS

Economía y negocios

Cámara de Comercio e Industria de Cortes: *http://www.intertel .hn/business/ccic/default.htm*

Instituciones académicas

Universidad Nacional Autónoma de Honduras UNAH: *http:// www.unah.hondunet.net/*

Medios de comunicación

Periódicos

Diario Tiempo: http://www.tiempo.hn/
Honduras This Week: http://www.marrder.com/htw/
La Prensa: http://www.laprensahn.com/
La Tribuna: http://www.latribuna.hn/

MÉXICO

Economía y negocios

Banco de Información Económica INEGI: *http://dgcnesyp.inegi .gob.mx/bie.html-ssi*
Banamex: *http://www.banamex.com*
Información Económica Oficial: *http://www.shcp.gob.mx/*

Instituciones académicas

Lista de Universidades en el Web: *http://mexico.web.com.mx/ funiversidades.html*

Gobierno

Gobierno de México: *http://www.presidencia.gob.mx/*

Medios de comunicación

Periódicos

El Economista: *http://www.economista.com.mx*
La Jornada: *http://serpiente.dgsca.unam.mx/jornada/*
El Financiero: *http://www.elfinanciero.com.mx/*
NOTIMEX Agencia Mexicana de Noticias: *http://www.notimex.com*
Reforma: *http://www.reforma.com*
La Voz de Michaocán: *http://www.voznet.com.mx/*

Revistas

Magazines Page of Mexico Index: *http://www.trace-sc.com/cgi-bin/*
mxndx?magazine
Media: *http://www.planet.com.mx/media/*
Razón y Palabra ITESM: *http://www.cem.itesm.mx/dacs/publicaciones/*
logos/
Siempre: *http://www.m3w3.com.mx/SIEMPRE/*

Radio

Estaciones de Radio de México: *http://www.web-radio.com/*
in_m.html

NICARAGUA

Economía y negocios

Banco Central de Nicaragua: *http://www.bcn.gob.ni*
Empresa Nicaragüense de Telecomunicaciones: *http://*
www.enitel.gob.ni/

Instituciones académicas

Instituto Nacional Tecnológico INATEC: *http://www.inatec*
.edu.ni/
Universidad Autónoma Americana: *http://www.uam.edu.ni*
Universidad Católica: *http://www.unica.edu.ni/*
Universidad Nacional Autónoma de Nicaragua UNAN-León:
http://www.unanleon.edu.ni/
Universidad Nacional de Ingeniería UNI: *http://www.uni.edu.ni/*

Gobierno

Asamblea Nacional de Nicaragua: *http://www.asamblea.gob.ni/*

Medios de comunicación

Periódicos

Ciberdiario de Nicaragua: http://www.ciberdiario.com.ni/
La Prensa: http://www.laprensa.com.ni/

PANAMÁ

Economía y negocios

Sifonet: *http://pa.inter.net/esp/default.asp*

Instituciones académicas

Universidad Latina: *http://www.ulat.ac.pa/*
Universidad de Panamá: *http://www.up.ac.pa/*
Universidad Santa María La Antigua USMA: *http://www.usma*
.ac.pa/
Universidad Tecnológica de Panamá: *http://www.utp.ac.pa/*

Gobierno

Alcaldía de Panamá: *http://www.sinfo.net/alcaldia/*
Tribunal Electoral de Panamá: *http://www.tribunal-electoral*
.gob.pa/

Medios de comunicación

Periódicos

El Panamá América: http://www.epasa.com/El_Panama_America/
today/index.html
La Prensa: http://www.sinfo.net/prensa/
El Siglo: http://www.elsiglo.com/
Red Académica y de Investigación Nacional PANNet: http://www
.pannet.pa/

PARAGUAY

Instituciones académicas

Universidad Nacional de Asunción: *http://www.una.py/*

Gobierno

Presidencia de la República: *http://www.presidencia.gov.py/*

Medios de comunicación

Periódicos

Diario ABC Color: http://www.una.py/sitios/abc/
Ultima Hora: http://www.ultimahora.com.py/

PUERTO RICO

Economía y negocios

Asociación de Bancos de Puerto Rico: *http://www.abpr.com/*
Asociación de Industriales Manufacturers Association: *http://prma.com/*
Cámara de Comercio: *http://camarapr.coqui.net/*

Instituciones académicas

Colegio de Arquitectos: *http://home.coqui.net/capr/*
Universidad de Puerto Rico, Rio Piedras: *http://www.upr.clu.edu/*
Universidad del Sagrado Corazón: *http://www.usc.clu.edu/*

Gobierno

Administración de Servicios Médicos de Puerto Rico: *http://www.asempr.org/*
Departamento de Transportación y Obras Públicas de Puerto Rico: *http://www.dtop.gov.pr/*

Medios de comunicación

Periódicos

A Propósito Online Artes y literatura: http://ponce.inter.edu/vl/
   revistas/a_proposito/apro.htm
Noticentro On-Line: http://www.televicentropr.com/
El Nuevo Día Diario de San Juan: http://www.elnuevodia.com/
El Periódico De Lajas en suroeste: http://netdial.caribe.net/~printery/

Revistas

Puerto Rico Online Magazine: http://www.prmag.com/

URUGUAY

Economía y negocios

Banco de Prevision Social: *http://www.bps.gub.uy/*
Negocios en Uruguay: *http://www.negocios.com.uy/*

Instituciones académicas

Universidad Católica de Uruguay: *http://ucudal2.edu.uy/*
Universidad de la República Oriental del Uruguay:
   http://rau.edu.uy/universidad/
Instituto de Física—Facultad de Ciencias:
   http://www.fisic a.edu.uy/
Facultad de Ingenieria: *http://www.fing.edu.uy/*
Facultad de Quimica: *http://bilbo.edu.uy/*

Gobierno

Ministerio de Relaciones Exteriores: *http://www.mrree.gub.uy/*
Ministerio de Transporte y Obras Públicas: *http://www.uyweb*
   .com.uy/construnet/mtop/
Poder Legislativo: *http://www.parlamento.gub.uy/*

Medios de comunicación

Periódicos

El País: http://www.diarioelpais.com/
El Observador: http://www.observador.com.uy

Revistas

Posdata: http://www.posdata.com.uy/edicion/

Radio

Radio Montecarlo: *http://netgate.comintur.com.uy/cx20/*

VENEZUELA

Economía y negocios

Bolsa de Valores de Caracas: *http://www.caracasstock.com/*
Banco Central de Venezuela: *http://www.bcv.org.ve/*

Instituciones académicas

Universidad Simon Bolívar (USB): *http://www.usb.ve/*

Gobierno

Congreso de La República de Venezuela:
http://www.internet.ve/sail/sv/homecongreso.html

Medios de comunicación

Periódicos

El Universal: http://www.el-universal.com/

Revistas

2001: http://www.2001.com.ve/
Venezuela Analítica: http://www.analitica.com/

Glosario

A

Anchura de banda   Se denomina así a la cantidad de datos que es posible enviar a través de una conexión antes de que el conducto se sature. Generalmente se mide en bits por segundo (bps). Un módem rápido es capaz de transmitir 30 mil bits por segundo antes de saturarse.

Archivo de comandos o lenguaje de archivos de comandos   Una forma abreviada de programación que proporciona a los usuarios no técnicos una forma de crear contenido más rico y que ofrece a los programadores una manera rápida de crear aplicaciones simples.

ARPAnet   ARPA es el acrónimo para Advanced Research Project Agency (Agencia de Proyectos de Investigación Avanzada) del Departamento de Defensa de los Estados Unidos, pionera en el desarrollo de los primeros equipos que vinculaban redes a través de grandes distancias. ARPAnet es la antecesora del Internet.

Asistente   Ayuda integrada a su equipo que lo guía a través de los pasos necesarios para completar una tarea.

Audio desde el disco   Se dice de los archivos de sonido capturados en tiempo real en determinado archivo de audio transmitidos a través del Internet en tiempo real. Un complemento de un explorador de Web descomprime y reproduce los datos a medida que se transfieren a su equipo a través del Web. El audio o vídeo reproducidos desde el disco eliminan el retraso que resulta de la transferencia de un archivo completo y su posterior reproducción con una aplicación accesoria.

Autenticación   Se dice de la tecnología que garantiza el origen de una transmisión electrónica. Es igual a una firma o patente electrónica.

B

Baudio   Unidad de medida para la velocidad a la que un módem u otro dispositivo es capaz de transmitir datos, medida técnicamente por número de eventos o cambios de señal por segundo. (No debe confundirse con la cantidad de bits por segundo.)

C

Cadena Se dice del conjunto de caracteres alfanuméricos introducidos para cálculos y búsquedas.

Carga El procedimiento de transferir un archivo desde un equipo local a uno remoto mediante un módem o una red.

CERN Siglas para denominar el laboratorio europeo de física de partículas, de Ginebra, Suiza, donde, en la década de los '80, un grupo de ingenieros visionarios, bajo la dirección de Timothy Berners-Lee, desarrolló la tecnología Web.

CGI La abreviatura para el interfaz común de puerta de enlace, o "gateway". Es *software* que facilita la comunicación entre un servidor Web y los programas que funcionan fuera del servidor, como por ejemplo los programas que procesan formularios interactivos, o los que buscan en las bases de datos del servidor la información requerida por el usuario.

Chat Programa de *software* para red, que permite a varios usuarios mantener "charlas" (chats) en tiempo real, mientras los demás escriben los mensajes en sus equipos y los envían a través de una red local o de Internet. Algunos de los nuevos programas Chat, como PowWow, permiten conversaciones de voz e intercambios de archivos en diferentes medios (ej.: fotografías y archivos gráficos).

Ciber Prefijo que denomina todas las acciones relacionadas con los equipos o con el Internet. Por ejemplo, las cafeterías dotadas de computadoras para que sus clientes puedan navegar en Internet se denominan en algunas partes "cibercafés".

Ciberespacio Define todo el universo virtual de información transmitida por medio de equipos, programas de audio, video, teléfono, televisión, cable y satélite. Este término fue acuñado por William Gibson, escritor de ciencia ficción, quien lo definió como "una representación de datos sustraídos de los bancos de memoria de todos los equipos de un sistema humano".

Clientes Nombre genérico para los programas de *software* que permiten acceso a la red al trabajar con la información de un servidor. Un ejemplo de un cliente es un explorador como Microsoft Internet Explorer.

Complemento Se dice del complemento de un software o un módulo que expande la capacidad de una aplicación, generalmente para permitir la lectura o la presentación de archivos de un tipo específico. En el caso de los exploradores de Web, los complementos permiten la presentación de contenido especial como audio, vídeo y animación.

Consorcio W3 Consorcio de la industria encabezado por el Laboratory for Computer Science del Massachusetts Institute of Technology de Cambridge, Massachusetts. (W3 define las 3Ws: World Wide Web, o red de alcance mundial.) El consorcio promueve estándares y promueve la interoperabilidad de los productos en el World Wide Web. Por el hecho de tener su sede en Ginebra, Suiza, en el Laboratorio Europeo de Física de Partículas (CERN), donde se desarrolló inicialmente esta tecnología, el consorcio ha tenido cierto éxito en su propósito de fomentar la cooperación de las tecnologías Web entre las corporaciones privadas, reacias por naturaleza a compartir sus secretos.

Contenido   El total de texto, imágenes, sonido, datos y otro tipo de información que se presenta en un sitio del Web.

Cookie   Se denomina así un archivo almacenado en el disco duro que se utiliza para identificar su equipo o sus preferencias ante un equipo remoto. Los "Cookies" se utilizan frecuentemente para identificar visitantes a los sitios del Web.

Copia de seguridad, o "Backup". Copia de *software* de aplicación instalado o de los archivos de datos creados por los usuarios.

Correo electrónico   Es el sistema para enviar y recibir mensajes de uno a otro equipo a través de una red. Dos de las aplicaciones más populares de correo electrónico son Microsoft Exchange y Eudora.

D

Descarga   Proceso de solicitar y transferir un archivo desde un equipo remoto a uno local, generalmente a través de un módem o una red, para guardarlo en el archivo local.

Dirección IP   Se dice de la dirección de protocolo Internet de un equipo conectado a la red. Se representa generalmente por medio de una notación con puntos o comas, como 12.235.4.54.

Dirección URL   Sigla del localizador uniforme de recursos. Es la dirección que especifica la ubicación electrónica de un recurso (un archivo) de Internet. Una dirección URL tiene generalmente cuatro partes: protocolo, servidor (o dominio), ruta de acceso y nombre de archivo, aunque a veces no habrá una ruta de acceso ni un nombre de archivo.

Documento adjunto   Un archivo binario (como un programa o un documento comprimido) que se envía adjunto a un mensaje por intermedio del correo electrónico.

E

Encriptación   Es el proceso utilizado para desfigurar la información que se transmite. La encriptación protege los datos contra observadores indeseados y está disponible en dos formas: *software* de encriptación que es muy utilizado y fácil de instalar y microchip de encriptación, el cual es más difícil de instalar, pero más rápido y más difícil de descifrar.

En línea   Estar conectado al Internet.

Explorador   Un programa de *software* de cliente utilizado generalmente para buscar en las redes, lo mismo que para recuperar y mostrar copias de archivos en un formato fácil de leer. Los exploradores estándar de uso en la actualidad pueden funcionar sobre programas asociados para reproducir archivos de audio y vídeo. Microsoft Internet Explorer es un ejemplo de un explorador ampliamente utilizado.

Explorar Argot o término que quiere decir: "explorar Internet" (o navegar). Frecuentemente se usa para explorar sin propósito definido, en lugar de buscar un contenido específico.

Exponer El hecho de enviar un mensaje a una publicación o a una comunidad en línea.

F

FAQ Abreviatura de la lista de preguntas y respuestas más usadas, publicadas en línea para dar respuesta a las dudas que un usuario pueda tener acerca de determinado programa o tecnología. Se recomienda leer la lista de FAQ antes de recuperar o de enviar un mensaje de correo electrónico, pues es muy posible que en su propio equipo y en el momento en que se presenta la duda el usuario encuentre la respuesta que necesita, sin buscar ayuda técnica.

Favorito Página o dirección a la que un usuario desea regresar con frecuencia, como un juego, un periódico, una universidad. Microsoft Internet Explorer contiene una característica denominada "buscar favoritos" para organizar y guardar los sitios de la red (Web) que el usuario acostumbra visitar regularmente.

Freeware *Software* con "copyright" (derechos de autor), que el autor distribuye de manera gratuita y que se encuentran disponibles en el Internet. No confundir con *shareware*.

FTP Abreviatura de protocolo de transferencia de archivos. Un protocolo de Internet que le permite al usuario transferir archivos hacia y desde otros equipos.

Fuera de línea Desconectado de Internet.

G

GIF Sigla para denominar el formato de intercambio de gráficos; formato de archivo gráfico apropiado para uso frecuente en documentos del World Wide Web.

GB o "gigabyte", la unidad de medida de la capacidad de un archivo electrónico equivalente a mil millones de bytes, aproximadamente.

Grupos de noticias Grupos o foros de usuarios de Usenet para compartir información, ideas, sugerencias y opiniones sobre un tema específico. Los grupos de noticias cubren una gama de temas tan extensos que se pueden contar en miles.

H

H:D:D: Siglas de unidad de disco duro que se usan con frecuencia en publicidad.

HTTP Abreviatura para el protocolo de transferencia de hipertexto, o sea, el protocolo en el cual se basa la tecnología del World Wide Web. HTTP define el conjunto de reglas que gobiernan el *software* que transporta los documentos HTTP a través del Internet.

I

Inalámbrico   Cualquiera de las clases de comunicaciones a distancia que se efectúan sin cable, incluidas las comunicaciones por infrarrojos, celulares y vía satélite.

Internet   Se llama así a una gran red de equipos compuesta de multitud de redes más pequeñas. Cuando este término está escrito en mayúscula se refiere a la red física que compone el Web y que hace posible el correo electrónico.

Intranet   Red privada dentro de una determinada organización. Utiliza protocolos de Internet para la transferencia de contenidos, aunque frecuentemente está protegida contra el acceso desde Internet mediante servidores de seguridad.

ISP   Abreviatura para denominar el proveedor de servicios de Internet, un servicio que proporciona el acceso al Internet a organizaciones y usuarios individuales mediante servidores ISP.

J

Java™   Un lenguaje particular de programación orientado a objetos; desarrollado por Microsystems, se utiliza para crear subprogramas, o programas que se pueden distribuir como adjuntos a documentos de el Web. Es posible incluir un subprograma en una página HTML de la misma forma que se incluye una imagen. Cuando se usa un explorador que admita Java™, para ver una página que contiene un subprograma Java, el código del programa se transfiere al sistema y es ejecutado por el explorador.

JPG o JPEG   Abreviatura para denominar un grupo de expertos en fotografía. Un tipo de formato de archivo gráfico apropiado para su uso en documentos de el Web.

L

LAN   Sigla para una red de área local, la cual conecta dos o más equipos instalados dentro de un espacio relativamente pequeño, generalmente dentro de la sede de una organización, con el objeto de comunicarlos entre sí y compartir archivos.

Listserver   Conjunto de programas utilizados para administrar listas de correo mediante la distribución, la inclusión y la eliminación automática de los mensajes enviados a la lista.

M

Marcador   El procedimiento que permite a un usuario guardar un sitio en la Web para regresar fácilmente a él. El acceso a un marcador conecta al usuario directamente al sitio deseado, sin los problemas de la ruta de conexión normal. Una colección de marcadores se denomina lista de marcadores.

MB o "megabyte", unidad de medida del tamaño de un archivo electrónico equivalente a un millón de bytes, aproximadamente.

Módem Sigla de modulador/demodulador, dispositivo de hardware que conecta varios equipos entre sí o con el Internet a través de redes telefónicas estándar o a través de una línea LSDN (RDS). El módem puede ser interno, externo o incorporado a un equipo. Un módem externo es una cajita con cables de conexión entre el equipo y el teléfono. Los módem tienen diversas categorías según la velocidad con que envían sus datos, que se mide en baudios (q.v.). Los módem estándar actuales funcionan a 28800 o 33600 baudios, aunque ya hay nuevos módem de aproximadamente 56000 baudios.

Monitor de audio Cualquier altavoz, pero en particular uno montado en un módem que permite escuchar lo que ocurre en la línea telefónica.

Motor de búsqueda Una aplicación de *software* o un servicio utilizado para buscar archivos en una intranet o en el Web. Normalmente se tiene acceso a él con exploradores como Microsoft Internet Explorer. Entre los motores de búsqueda más comunes se incluyen Excite, Yahoo!, WebCrawler, Infoseek y Lycos, pero constantemente están saliendo al mercado nuevos modelos.

Multimedia Término utilizado para denominar cualquier contenido que combine texto, sonido, gráficos y vídeo.

N

NCSA Sigla que significa National Center for Supercomputing Applications, de la Universidad de Illinois en Urbana-Champaign. Instituto de investigación avanzada cuyos científicos e ingenieros crearon gran parte de la tecnología básica del World Wide Web. NCSA desarrolló el primer explorador con capacidad para mostrar gráficos, llamado Mosaic.

Net Significa red. Cuando ese término aparece en mayúsculas se refiere al Internet.

Netiquette Palabra combinada de Net y "etiquette" (red y etiqueta). Se llama así a un código de normas para preservar las buenas maneras y la eficiencia en el uso de Internet.

Nombre de dominio Significa el nombre de un equipo o grupo de equipos básicos de Internet utilizados para identificar la ubicación electrónica o geográfica del equipo transmisor de datos. El nombre de dominio contiene el nombre de una organización o de un país, incorporados por medio de un sufijo a la dirección del correo electrónico. Microsoft.com, por ejemplo, se compone del nombre de la organización (Microsoft) y un sufijo (.com), que denota empresa comercial. Otros sufijos utilizados en Estados Unidos son .gov (gobierno), .edu (institución educativa), .org (organización, generalmente sin fines de lucro) y .net (genérico de red con o sin fines comerciales). Fuera de los Estados Unidos se utilizan sufijos de dos letras para identificar un país extranjero: .uk (Reino Unido),

.jp (Japón), .co (Colombia), .pe (Perú).

P

Página Patrón individual de contenido del World Wide Web, definido mediante un archivo único HTML al que se hace referencia mediante una única dirección "URL".

Página Principal Así se designa la página principal de un sitio Web. Las Páginas Principales contienen generalmente vínculos a ubicaciones adicionales dentro o fuera del sitio. Según el tamaño de un sitio Web, es posible que existan múltiples Páginas Principales en el mismo sitio.

Plataforma Conjunto del *hardware* y *software* que sirven de base para el sistema de cada equipo.

PPP Sigla de "protocolo punto a punto". La configuración necesaria para conectar dos equipos mediante una línea telefónica o un cable de red que actúa a modo de línea telefónica.

Protocolo El sistema de reglas o estándares necesarios para comunicarse a través de una red, especialmente por medio del Internet. Tanto los equipos como las redes interactúan de acuerdo con los protocolos que determinan el comportamiento que cada usuario, el que envía y el que recibe, espera del otro en el proceso de transferencia de información.

RDS (ISDN) Sigla para la Red Digital de Servicios Integrados, la cual actúa como un servicio de conexión digital para los teléfonos y otros dispositivos de comunicación. Una comunicación ISDN (RDS) puede garantizar una velocidad de acceso al Internet relativamente alta (hasta 128.000 bits por segundo).

S

Servicio en línea El servicio pagado de suscripción que proporciona una forma fácil para conectarse al Internet. Un servicio en línea puede tener diferentes características, como transmisión de noticias generales, información financiera o científica, etc., presentadas en un formato organizado. Unos de los servicios en línea más populares en los Estados Unidos, son America Online (AOL) y la red de Microsoft Network (MSN).

Servidor Se denomina con este nombre al equipo o *software* que ofrece "servicio" a otros equipos de una red, al administrar los archivos y las operaciones de red. Los equipos atendidos por un servidor utilizan el *software* de cliente (q.v.). Uno de los *softwares* de cliente más populares es Microsoft Internet Explorer.

Servidores de seguridad *Software* utilizado para impedir el acceso no autorizado a una red de equipos.

Shareware Así se denomina el *software* que está a disposición para una prueba gratuita, pero por el cual hay obligación de pagar si se desea continuar utilizándolo. Frecuentemente el *shareware* es desarrollado por compañías pequeñas o programadores individuales con el fin de resolver un problema específico de los equipos o desarrollar una aplicación novedosa. Después de efectuar el pago, el usuario suele recibir documentación complementaria juntamente con el *software*.

Sitio Colección de páginas de Web relacionadas entre sí, situadas en el mismo servidor e interconectadas mediante vínculos.

SLIP Sigla que identifica el protocolo de interfaz de línea en serie. Tipo de protocolo de acceso telefónico utilizado para conectar un equipo al Internet.

SPAM Se denominan así las publicaciones electrónicas chatarra o basura, frecuentemente de origen comercial, que se envían indiscriminadamente a los usuarios sin su solicitud ni aprobación.

Subprograma Programa de *software* escrito en Java™. Los subprogramas son semejantes a las aplicaciones, pero no se ejecutan como una aplicación independiente. Sin embargo, los subprogramas cumplen con un conjunto de convenciones que permiten ejecutarlos dentro de un explorador compatible con Java™.

T

TCP/IP Abreviatura del protocolo de control de transmisión y protocolo Internet, los dos protocolos que gobiernan la manera en que los equipos y las redes administran el flujo de información que pasa a través de Internet.

Telnet Se denomina así el programa de emulación de terminal que se utiliza para iniciar una sesión en otro equipo, sobre todo si es un equipo grande, de tipo mainframe, como los que contienen los catálogos en línea de las bibliotecas. Cuando se utiliza Telnet para iniciar una sesión en un catálogo del servidor de una biblioteca, se obtiene acceso a los archivos que constituyen los registros de la biblioteca.

Tiempo real El tiempo exacto que dura la realización de algo. La interacción en tiempo real no tiene en cuenta los retrasos o las pausas debidas al procesamiento.

U

Usanet El sistema de boletines electrónicos por medio de los cuales los lectores pueden compartir información, ideas, sugerencias y opiniones.

V

Vínculo Se dice de la abreviatura de hipervínculo. El vínculo hace referencia a una zona activa de un documento Web y generalmente se resalta con un color distinto al del texto que lo rodea. Es posible hacer clic en los vínculos para abrir un objeto de la misma base de datos o de otra diferente, de un programa distinto, de una página HTML del Web o de una intranet.

Virus Se dice de los programas malintencionados creados por personas anónimas para "infectar" los equipos personales. Por esa razón el virus se activa al ejecutar el programa infectado. Un virus puede residir de forma pasiva, durante algún tiempo, dentro del equipo sin que el usuario se entere y propagarse a otras ubicaciones, pero otras veces se ejecuta inmediatamente. Los virus pueden producir diversos efectos, desde la aparición de mensajes fastidiosos pero inofensivos hasta la destrucción de archivos del disco duro del equipo. Se propagan al transferir archivos de un equipo a otro mediante un disco o a través de una red (incluído el Internet). Para protegerse contra los virus, el usuario podrá utilizar programas antivirus actualizados, de venta en el mercado, mediante una descarga desde múltiples sitios de Internet.

VRML De esta manera se identifica el lenguaje de modelado de realidad virtual; un conjunto de códigos utilizados para escribir los archivos de los programas tridimensionales de realidad virtual.

W

Web Abreviatura de World Wide Web.

World Wide Web Se dice de la red de alcance mundial. Todo el conjunto de contenido multimedia conectado mediante hipervínculos y que proporciona una interfaz gráfica de fácil manejo para explorar el Internet.

Índice

A

B